FSC

www.fsc.org

MIXTE

Papier issu
de sources
responsables
Paper from
responsible sources

FSC® C105338

AF143628

© 2022, Rodriguez Manon
Édition : BoD – Books on Demand, info@bod.fr

Impression : BoD – Books on Demand, In de Tarpen 42,
Norderstedt (Allemagne)

Impression à la demande
ISBN : 978-2-3224-5155-5
Dépôt légal : Octobre 2022

A la femme, la maman que je deviendrais. A toutes ses battantes pour leur témoignage. A ma famille pour son soutien. A mon amie, mon soleil. Romane

A toi, qui as su prendre soin de moi dans mon errance médicale et dans mon combat. Et merci pour ton amour et notre simplissime lumière. Enzo

Un merci à toutes les femmes et les hommes qui s'aiment malgré l'endométriose qui rythme leur vie de couple.

A toi, mon futur enfant.

- Une endo, un jour.
- Un rendez vous pour le moins perturbant.
- Elle ou moi, mais pas les deux.
- L'endométriose est une saloperie.
- Cachée.
- Et pourtant il était bien là.
- Lui dire Merci semble tellement mince.
- La déchirure.
- Le Deuil de l'avenir et le chemin vers l'acceptation.
- Une hyper sensibilité omniprésente et les sauts d'humeur.
- Au rythme particulier d'une chanson ventrale.
- Mes traumatismes et leurs rhumatismes.
- On en parle plus intimement.
- Des années d'incompréhension.
- L'évacuation du stress.
- L'endoBelly et l'alimentation.
- La médecine douce.
- La positive attitude.
- Dans mon lendemain, je serai maman.

Je m'appelle Manon, j'ai 23 ans et j'ai été diagnostiqué récemment d'une endométriose (adénomyose utérine). Sachant que j'en souffre depuis mes 13 ans, ce sont 10 années d'errance médicale et de douleurs qui viennent de s'écouler et qui m'ont fait vivre à un rythme particulier mes dernières années. J'habite près d'Aix-en-Provence. Je suis graphiste à mes heures perdues.

La première fois que j'ai entendu parler d'endométriose, c'est lorsque j'ai fait ma deuxième fausse couche et que j'ai comparé mes symptômes quotidiens à celle-ci. Je suis contre la pilule contraceptive pour diverses raisons mais le traitement de mon gynécologue était une solution. Une possible opportunité de vivre mieux. Je souhaite devenir mère et à ce premier jour de deuil, ce n'était plus un souhait mais un combat qui commençait.

Une endo, un jour.

22-02-2022

La route paraissait tellement plus longue que les précédentes. J'étais seule pour le parloir. Un tête à tête si on peut dire. Les crampes ventrales ont débuté dès le réveil et ont évolués en pique sur le trajet. La combinaison du stress d'annoncer une mauvaise nouvelle de plus et les règles qui allaient passer le pas de la porte les heures qui suivaient, c'était l'horreur absolue. Comment s'installer ? Quand les douleurs s'acharnent sur tes reins, ta vessie, ton utérus, résonnent dans ta tête et s'enfourmillent dans tes jambes, tes bras… Attendre assise est insupportable, ton ventre ne veut pas de cette douleur. Attendre debout ? Tes jambes te cri à l'aide. Ta tête essaie de compenser et de penser. Penser à autre chose. Quand bien même penser. Tourner, tourner, tourner sur soi même. Attendre que l'on m'appelle. Les gens qui m'entourent restent passifs et attendent sans bouger. Mon ombre les occupait sûrement. Pendant que je tournais, mon ombre dansait affreusement sur le sol. On ne voyait qu'elle. J'avais honte de cette ombre. Et en même temps je n'avais pas d'emprise sur elle. Je devais marcher pour arrêter d'entendre cette douleur résonner à l'intérieur de mon corps. Bien que ça ne fonctionne pas. C'était un espoir. Mais cela a fini par devenir un moment surmontable apparemment. Heureusement, une fois avoir surmonté trois heures de douleurs profondes, je souris, je rigole et je pleur sans presque plus aucun symptôme. Je le vois lui et la douleur s'enfuit.

Les emmerdes aussi le temps de quarante cinq minutes. Repousser la prise du traitement pour être sûre de ne pas avoir envie de courir aux toilettes quand la situation ne te l'autorise pas était ma solution.

23-02-2022

Il est difficile de combiner organisation et endométriose imprévue. Elle tape dans mon corps sa présence, lorsque bon lui chante. Sans se demander si c'est vraiment le moment d'intervenir. C'est une sensation assez particulière. Quelque chose vous grignote de l'intérieur mais sur une durée indéterminée.

24-02-2022

Un seul mouvement et c'était un ouragan. Je marchais, ça coulait. Je me relevais, ça coulait. Je n'ai jamais ressenti une telle sensation. J'étais sale rien que par la pensée. Un aller-retour aux toilettes toutes les deux heures étaient mon maximum d'attente. Une envie d'uriner et de me changer trop préoccupante pour me permettre de penser à autre chose et de rire avec les gens qui m'entouraient.

26-02-2022

Aujourd'hui ce sont mes jambes qui m'ont fait écho à la douleur qui semblait déjà lointaine. Elles étaient lourdes. Des fourmis m'embarrassaient dès que je prenais des positions immobiles. Plier les jambes. Impossible. Croiser. Insoutenable. Tendre. Tellement lourdes. Une bouillotte est devenue l'essentiel du coucher.

05-03-2022

Un réveil pour le moins désastreux. Les paupières lourdes, la froideur de l'air ambiante, l'inattention. Le manque de motivation, je me cogne à toute sorte d'objet ou coins qui se glissent au milieu de mon chemin. Je fais tout par dépit. J'ai mal ça y est c'est l'heure, c'est la journée. Je marche pendant sept heures avec un poignard dans le ventre. Je boite de la jambe droite. Je crains le froid. J'ai froid. J'ai chaud. Je me sens devenir insupportable. Je pense l'être mais je le suis seulement pour moi. Les autres ne remarquent rien. Je ne leur laisse rien paraître. La matinée est longue. Je pense donc j'ai envie de pleurer. Je ne sais pas si je me retiens ou si je n'arrive pas à pleurer et lâcher le fleuve de douleurs émotionnelles et physiques.

06-03-2022

Je me reconnecte avec mon corps. Je suis sous la douche et en me passant la mousse sur la peau je masse en mouvement circulaire mon ventre. Il est dur, il est gonflé, je m'imagine avec un petit nous à l'intérieur de ce fabuleux aquarium féminin qui n'est finalement rien d'autre qu'inflammation et douleur. Je sais que je vais passer une nuit mouvementée. Une nuit courte où je vais chercher ma position idéale qui me fera oublier cette endométriose.

08-03-2022

Des fringales monstres, et des douleurs qui suivent. Incapacité à digérer, le ventre rond. Des pâtes, du fromage, de la friture, du chocolat, du pain… j'en passe. On nous dit pas que la bouffe a aussi son rôle là dedans. L'endométriose est une maladie dans laquelle on doit tout faire toute seule. Yoga, sophrologie, alimentation, hygiène de vie totalement touchée, modifiée, et difficile à adopter pour ma part. Mes vieilles habitudes me rongent. Adieu le chocolat, les fast-foods, les pâtes, la viande rouge, les bonbons, le fromage à gogo, la raclette, la fondue, tous les gâteaux industriels, quand bien même les pancakes, ou autres gâteaux maison à base de laitage, farine de blé, … De gros changements alimentaires ont bouleversé ma vie suite à l'endométriose. Savoir dire non, quand on t'invite au restaurant ou au fast-food entre amis. C'est aussi une façon de se reconnecter à des choses plus saines et une manière de se réadapter.

12-03-2022

De gros changements émotionnels aujourd'hui. Sociable pour une phrase, renfermée quand il faut entretenir un dialogue plus de deux minutes. Aucune envie d'échanger avec les autres. De terribles sauts d'humeurs qui viennent marquer et souligner la vie sombre de cet an-ci.

13-03-2022

Je me suis réveillée en colère, des sauts d'humeurs habituels, je suis seule et tout me rend folle. Les volets qui claquent, ma tête me fait fuir. Mes envies sont infimes. Aujourd'hui je ne vais pas vivre pour moi mais pour les autres. Je préfère venir en aide, qui fait quoi aujourd'hui ? Encore une astuce pour faire échapper ses idées sombres de tout plaquer et partir loin. Il m'arrive de me demander l'efficacité du cachet sur moi. Duphaston est-il mon ami ou mon ennemi ?

14-03-2022

Aujourd'hui, je me suis senti changée. Mon ventre n'était plus le mien, du moins plus celui que j'avais côtoyé toutes ces années. Il se bouffit, s'arrondi, adieu le ventre mi-plat. La jeunesse a pris une claque, j'en ai vingt-trois et j'ai l'impression d'en avoir trente passés. Les médicaments sont sûrement à l'origine de ce changement qui ne me plaît pas. Un changement sur lequel je vais, je pense, faire une fixation de longue durée. Je ne l'aime pas car il me rappelle qu'elle est bien là. Il y a des jours, des moments où je l'oublie et je vis heureuse. Mais il suffit que je fasse un petit tour aux toilettes pour la retrouver et me la reprendre en pleine tronche.

15 et 16-03-2022

Des fringales. Des envies soudaines et affamée de pâtes au fromage, de bonbons en forme d'oeuf, de glaces, de chocolat. Une fondue savoyarde ? Tout de suite ! Un petit déjeuner à 23H ? Je sors immédiatement chocolat chaud, céréales, tartines de confiture.
Lendemain matin, réveil en forme, mais je sais que l'heure va être rude. Je cours aux toilettes, j'ai mal. L'estomac me brûle, la digestion me trahit. Enfin mes fringales de la veille me répondent en conséquence. Je ne suis plus victime de mon endométriose, mais coupable aujourd'hui. Si j'avais calmé mes envies et posé du temps pour faire une petite séance de yoga et une tisane, j'aurais sûrement passé une meilleure matinée.

17-03-2022

Je me suis réveillée dans un flou total, un casque sur la tête que je n'arrive pas à lever… Je respire et des douleurs me poignardent le ventre, me tapent dans la poitrine et me piquent le coeur. Etrange, je n'ai jamais ressenti cette douleur ou alors je n'en ai pas le souvenir récent.

18-03-2022

Réveil transpirant. Fatigue chronique de retour. Hausse en flèche de motivation et la seconde suivante: épuisement, douleurs abdominales, les intestins en feu. Je prends du zytolia pour calmer même si je ne sais plus vraiment pourquoi j'en prends. Puis l'heure passe, j'ai mal, encore. Je suis stressée aujourd'hui pour d'autres raisons personnelles, donc forcément, ventre gonflé oblige. Réveillée à 5h du matin et couchée à 23h45 voire minuit une fois que j'ai finis d'écrire ce passage. Une journée chargée en émotion, des douleurs qui se suivent et se différencient les unes des autres.

21-03-2022

J'ai passé la nuit à faire la statue par flemmardise de courir aux toilettes toutes les heures pour me changer. Dès que je bougeais le bassin ou que je décalais de quelques centimètres une jambe, la lave de caillots jaillissait. Deuxième jour de règles, deuxième nuit, des caillots de sang qui pleuvent. Sous la douche, l'eau prend des couleurs de Mer Rouge. Rien à faire mise à part ressentir les douleurs, alors les fringales surgissent pour me réconforter. Je ne pense qu'à gober. Parce que c'est arrivé à un stade où j'ingurgite les aliments avant même de reconnaître leur goût. Après sept heures de travail intensif, une première boutique je ne dis rien. Une deuxième boutique et marcher devient une obligation. J'en perds mes réflexes naturels, un pas puis l'autre. J'ai du mal. Je m'avance dans un rayon, j'attends debout bien évidemment, et j'ai les fourmis qui montent dans mon cerveau et m'envoient des signaux. Il faut que je m'asseye quelque part. J'ai 23 ans, et je ne suis même pas capable de tenir debout plus d'une heure. Triste jeunesse. Je me dis qu'il faut que je puise ma force ailleurs. Rythmée par les fous rires toute la matinée, je suis balancée par les colères, la fatigue et les larmes qui se retiennent le reste de ma journée. J'ai l'oppressante impression de vivre la vie d'une personne bipolaire. Sauf que contrairement à eux je peux le cacher et le contrôler face aux autres et ne pas leur infliger mes démons.

24-03-2022

Je ressens une immense colère et la minute d'après je souris, je danse et j'aime la vie. Ok. On est dans une journée irrégulière, qui va être sensiblement tendue. Arrêter de penser, il me faut courir, marcher, sourire, vivre. Tout simplement, je respire et retiens ma sale humeur pour la transformer en ondes positive. L'engourdissement s'imprègne le long de ma jambe gauche. Mais c'est supportable, je deviens bancale le temps de quelques pas et puis ça me passe. Ça vient et ça repart. Mon ventre ballonne. J'ai des nausées il est minuit passé et demain c'est réveil à 5h. Je suis déjà épuisée de mon lendemain. Je n'ai pas ma « main bouillotte » comme j'aime à l'appeler alors je vais juste respirer profondément et espérer m'endormir.

25-03-2022

Il est 4h55, mon réveil fait la sensation d'un rugissement dans mes oreilles. Je me découvre totalement dénudée, la nuit a dû être agitée mais je ne m'en suis pas aperçu. Mon corps est d'une lourdeur vraiment désagréable. La tête en feu, je me soulève et m'habille de ces habits de travails dont j'ai l'immense envie de transformer en torchon. Ça y est, j'ai le moral à plat et dévastateur aujourd'hui. Je vais être insupportable. J'ai juste envie de snober tout le monde. Je me force, c'est la fin de ma période rouge et j'ai mal encore à la jambe mais cette fois-ci au mollet. Je m'insupporte tellement…Je boite et je me déboite. Mais j'avance et j'aime la vie aujourd'hui malgré tout. Il fait beau et je profite du soleil en écoutant chanter le silence. La sérénité pèse dans l'absence de symptômes de ces dernières quelques minutes.

26-03-2022

Je pose mes mots quand j'ai mal. Aujourd'hui je n'ai rien à écrire. Le moral sonne l'absentéisme.

28-03-2022

J'ai mal. Tellement mal. Une douleur que je n'arrive pas à localiser. Je la crie sans en sortir un son. Je la pleure. Je pleure au fond de moi. Je me demande parfois pourquoi les autres ont le droit au bonheur. Ou bien plutôt pourquoi on me le refuse. Je me relève du tapis de la salle de bain après mon subit effondrement. Une de mes proches amie m'annonce sa grossesse. J'enfile mes chaussettes. Mes baskets. Je retourne à mes occupations. Je reprends le fil de la discussion interactive et je la félicite, je l'encourage et la préserve. Je fais en sorte de ressortir la meilleure des nouvelles, je vais être encore tata. Je l'encourage à vivre chaque instant de sa grossesse et de sa future vie de maman avec le plus tendre des amours que lui offre ce privilège. Et je souffre en silence derrière l'écran. C'est assez paradoxal une fois de plus de côtoyer le bonheur pour l'autre et s'infliger le malheur pour soi.

29-03-2022

Il est tôt, j'ai un réveil chaotique. Une fatigue

encore plus présente qu'à l'endormissement. Je passe un bras dans la manche du pull. Gauche ou droite, pas d'importance je dirais que je suis une dyslexique de la direction. En vue de trouver une nouvelle maladie qui pèsera plus en excuses. Une fois lourdement vêtue, je descends et je bois ce grand verre d'eau de zytolia qui me plonge à la seconde même, dans une journée annoncée tendue. La journée passe, puis il est très vite tard. La bouillotte sur le bas du bassin, je tente de trouver la tranquillité et le repos. Demain sera flamboyant. Je l'espère plus constructive.

30-03-2022

Je ne trouve pas le sommeil. Je recherche l'apaisement. La bouillotte au ventre, le clavier sous les doigts, je repense ma journée. Rien à soulever de foudroyant aujourd'hui. J'ai eu un peu d'énergie à porter de main, alors j'en ai profité. Mes jambes se sont engourdies quelques minutes dans l'ensemble de la journée seulement. Des ballonnements se sont invités. La digestion s'est alors rétractée. Mise à par la bouillotte j'espère vivre encore un peu plus cette journée.

02-04-2022

Une journée sans interruption. J'épargne les médicaments, mais pas les douleurs, car je vais prendre du bon temps avec des collègues de travail et je ne voudrais pas faire un mauvais mélange si je viens à consommer un brin d'alcool. 14H09, la journée suit son cours, les fous rires, les sourires, les confessions bercées par les compliments. Des adieux sincères et vivants comme le veut la tradition des pots de départ. Il est 18h28, la première bière se pose sur mes lèvres et le temps semble tout à coup passer plus vite. La douleur s'accentue mais je ne sais pas si la cause provient de l'absence de traitement ou de l'alcool qui commence à faire effet sur mon état. La deuxième bière engourdit mes émotions. J'ai mal. J'ai mal de mes problèmes. Le ventre gonflé, la tête en feu qui se bat entre les rires et les larmes. Je prépare une petite chute émotionnelle ce soir. Les problèmes de la vie refont surface, la douleur est trop forte et vient à faire son travail démoralisateur et neuropathique. Les larmes font flancher les autres qui m'entourent dans une sorte de vague de pitié et de sympathie, que je n'aime pas. Je m'énerve sereinement. Je m'interdis d'être triste. Je rentre et je me couche le corps neutralisé, l'algie qui m'a entrelacé ne me quittera pas cette nuit.

03-04-2022

Une soirée difficilement qualifiable, à mon réveil matinal, c'est un nouveau combat. Mes hanches me font souffrir, marcher devient un affrontement de plus tout à coup. La tête me brûle, j'ai la vue qui se fait prier. Une seule pensée me hante, on est dimanche et demain c'est déjà lundi. Ma simplicité me gagne. C'est con mais c'est la vérité. Ce qui se cache derrière cette vérité est d'ordre physique. Si je suis dans cet état macabre le seul jour de repos comment je vais pouvoir affronter cette nouvelle semaine ? L'abdomen tendu, c'est une sensation désagréable. Me plier en deux me donne l'impression d'être pliée en quatre. Malheur à mes proches, je suis irritable. Je fuis et stoppe les discussions qui prennent une tournure qui semble être une infinité de mot sans issue vers le silence. Tout est désaccord à mes pensées, mes énergies. Je ne veux pas chercher, comprendre, développer et échanger. Je veux du court, du précis et de l'utile. Je m'excuse auprès de tous ceux que j'ai pu froisser en cette journée lugubre.

05-04-2022

Je me lève en forme. Engourdie mais sereine. Et puis la matinée se bouleverse. D'impassibles douleurs me tapent dans ma boîte crânienne. Des coups de pics me prennent dans la cuisse et me montent jusque dans le dos. Mes jambes me lâchent un pas sur deux. L'enfer corporel commence.

06-04-2022

J'ai vu le diable en personne. Premier réveil à 04h57, je suis toute engourdie, mon corps me fait mal. Je suis figée, lourde et mes muscles me tombent, je deviens un véritable poids lourd. Deuxième réveil 07h36, ma carcasse double de douleur. La tête s'enflamme alors. Comment je vais pouvoir me sortir de ce lit. La seule idée qui me vient en tête, un arrêt-maladie. Les prochains réveils ne sont que pires. Mais je dois aller travailler, des obligations de la vie m'y obligent. Une journée qui n'est que décharge électrique dans la jambe droite et un mal de crâne qui a pris possession du reste de mon moral. Je ne souris pas, je suis comme dans une cage. Les gens le remarquent mais pour une fois je n'arrive pas à faire abstraction de la situation. J'ai mal et c'est comme ça. La fatigue a eu raison de moi. Et comme rarement, aujourd'hui, je les emmerde.

10-04-2022

Une semaine bien remplie. Une fatigue féroce est installée. Je traîne mon corps de responsabilités en responsabilités. Il me suit mais aucune énergie n'est là pour le soutenir.

12-04-2022

Aujourd'hui je ne l'ai pas vu venir. Assise, la douleur m'a pris par surprise. Courbatures au bas du dos, le ventre recroquevillé, les épaules lourdes, je n'avais ni faim ni d'envie particulière. Je l'ai senti tout à coup couler entre mes cuisses.

Tout avait explosé subitement. J'étais recouverte de sang. Je m'empresse de rentrer, je saute sous la douche pour me laver de cette honte. J'enfile le premier jogging à porter de main. Ma journée continue en souriant et en dissimulant ma fatigue.

13-04-2022

Ce moment où vous savez que lorsque la première jambe s'élancera à voir le jour, et à se poser sur le sol, il faudra courir à toute vitesse dans la direction des toilettes parce que l'avalanche se déclenchera instinctivement. Après 15 bonnes minutes d'appréhension et de contrôle de la situation, je me lève, positionne ma main entre mes jambes de façon à sécuriser tout écoulement possible. Je cours. Et je vous décris la scène que brièvement mais des cailloux jaillissent. Je ne veux pas travailler. L'alourdissement de mon corps se fait ressentir. Il est 14h, les minutes sont longues et les douleurs se localisent. Mes hanches se bloquent continuellement. J'ai mal au dos, compressée j'essaie de respirer. Au plus je marche et au plus je souffre. Des piques de douleurs se plantent en moi. Certains que je localise à l'instant T et d'autres qui sont flous. L'impression de perdre des litres et des litres de sang, ma vue se trouble et mon cerveau s'évanouit.

14-04-2022

Une fontaine qui ne sait plus d'où puiser sa source. Une abondance douloureuse. Une fatigue assombrissante. J'observe de jours en jours, toutes mes amies qui tombent subitement enceinte, toutes à la fois. Et je vois une sorte d'incohérence et d'injustice s'installer. Elles n'en voulaient pas pour le moment, elles avaient des rêves : voyager, profiter de sortir, de boire et de changer de partenaires. Et quelques semaines plus tard, elles deviennent mère. Moi ? J'en suis où ? Je suis narratrice du bonheur des autres et je cherche encore le mien. Je ne sais plus trop si je dois le chercher ou l'attendre. Je me lasse de les voir devenir mère seulement pour faire comme les autres. Je prie pour le bonheur de ces futurs petits bouts. Et je croise les doigts pour qu'ils soient heureux. Une journée de nombreuses réflexions, un corps qui pique par moments pour me rappeler l'endométriose, au cas où je l'aurais oublié. Sarcasme.

15-04-2022

Aucune envie. Absence totale de motivation. Une accumulation de colère. Les nerfs me lâchent.

20-04-2022

Une journée particulière. Mise à part de

la fatigue chronique habituelle, aucune douleur à l'horizon. Cela fait maintenant plusieurs mois que je n'avais pas passé 24h soulager et que je ne m'étais pas senti aussi vivante et comme les autres. Sans problème. Je me suis réveillée épuisée et lourde corporellement parlant, mais quel bonheur de ne pas être dérangée par soi même le temps d'une journée.

28-04-2022

Ces trois derniers réveils matinaux sont au rythme de l'enfer et de la lenteur. Mon corps est détaché de mon esprit. Je m'éveille et mon corps sonne l'absence. J'ai mal car il commence à se réveiller. Il se crispe, il s'alourdit et refuse de me suivre. Une bonne heure pour enfin me lever du lit. Ma tête entre dans un épais brouillard, la fatigue est à l'honneur. Les journées se suivent, je cours partout, je demande à mon cerveau de réfléchir deux fois plus, l'organisation est en oeuvre malgré tout, la fatigue se met en veille. Mon corps subit. J'ai conscience que je lui en demande beaucoup, mais il le faut. J'ai l'impression d'être dépendante de cette fatigue, de ce stress permanent. Dépendante car je ne tiens pas en place, j'ai toujours quelque chose à faire d'important ou qui me paraît pour le moins important pour ne pas penser aux douleurs. Dépendante, parce que j'apporte mon aide à ceux qui m'entourent. Pour ma part, prendre soin de moi m'est interdit. Ça devient de l'égoïsme. Et je suis consciente de la funeste connerie que j'écris. Mais je me bats entre ma culpabilité d'avoir besoin de prendre soin de moi et ma culpabilité de ne pas le faire réellement.

01-05-2022

Aujourd'hui l'endo m'a fait pleurer. J'ai passé une journée paisible en famille, mais mouvementée en émotions. J'ai vu la vie dans son opposition la plus totale. J'ai vu la vie dans ses débuts et dans ses fins. Réunir dans une même pièce une enfant de deux ans et demi et une arrière arrière grand-mère de cent années passées. C'est se prendre en pleine tête la naïveté la plus sincère et la lassitude la plus triste qui puisse exister. J'ai observé et réalisé ma plus grande peur. Dans cet encens d'années, je visualisais des craintes que je n'avais encore jusque-là jamais ressenties. J'enviais la vie bien remplie d'une femme, de toutes les générations dont elle a été la conceptrice, et je me tordais de douleur sur l'immense incertitude de pouvoir goûter à ce mérite-là un jour. Je regardais la main spontanée d'une enfant valsant tendrement sur le visage parsemé de vie d'une centenaire. La larme tomba. Cette pureté du geste irréfléchi m'a rendu fragile pour le reste de ma soirée. Deux questions me trottèrent dans l'esprit au coucher final « Serais-je une mère qui aura la chance de tenir auprès de moi un minot aussi pur de candeur un jour ? Deviendrais-je cette femme qui veillera sur sa tribu avec fierté et la main sur le coeur jusqu'à son dernier souffle, en se disant que tous ses plus beaux combats auront été vaincu ?

02-05-2022

Mon coeur sonne creux et ma larme m'en tombe. Je suis vide d'envie. Je veux juste être une femme qui bat au rythme de son bonheur. Aujourd'hui je me sens chavirer vers un jour sombre et douloureux. Je ne me supporte plus dans ma globalité. Mon interdit de vivre mes envies est trop présent dans mes pensées. Je traîne les pieds jusqu'au travail en sachant d'avance que je sonnerais l'absence à chaque appel. Je suis déjà ballonnée au petit déjeuner, cela annonce un ventre gonflé, persévérant sa présence. Et en conséquent une journée peu étincelante de rire.

05-05-2022

Une nuit de plus et un réveil de moins dans ma quête de la motivation. Je me soulève, mon esprit et mon corps sont deux poids lourds et il y a moi. Tous ensemble, à nous trois, on met un pied au sol. Et voilà. Une journée de plus.

07-05-2022

Dernière journée de la semaine. Sûrement la pire, il est 6h10, je commence à ressentir les maux qui me viennent. Des vomissements me ti-tillent le fond de l'estomac et m'irritent la gorge. Des vertiges s'accaparent mon entière attention. J'ai mal aux jambes. Encore. Je me demande ce que j'ai bien pu faire de mal pour que tous autant qu'ils sont se liguent contre moi la même journée. Il va falloir que l'on cohabite toute une vie. Alors, un symptôme un jour je trouve que cela peut de-venir l'un des meilleurs compromis. Enfin bon, ce ne sont pas des personnes mais des fantômes. A moi de les guider. Je ne vais pas en arriver à négo-cier avec mon propre appareillage. Enfin c'est ce dont l'on nous fait croire. « Vous avez le contrôle de votre corps madame. » « Vous et vous seule ».

08-05-2022

La journée se répète et s'acharne davan-tage. Je prends la mouche pour un rien. La co-lère est ma façon de communiquer ma fatigue. Je m'en excuse, au fond de moi et ne l'assume pas. Je sens mes doigts se crisper, mes muscles se durcir au repos. J'ai l'impression de vivre une crise de plus. J'ai mal à la main mais je conduis alors je serre le poing sur les lignes droites et je serre les dents lorsque je me concentre sur les virages. J'ai juste envie de dormir et de me réveiller dans le corps d'une autre femme.

09-05-2022

Des questionnements plus centraux me préoccupent ces jours-ci. J'ai 23 ans et si je veux me faire rembourser en grande partie les petites choses qui me font du bien et qui pourraient me soulager, je dois me déclarer en ALD. Être travailleur handicapé pour moi n'est pas une victoire, toutes mes excuses à celles et ceux qui se sont battus pour le devenir, et je me pardonne d'avance pour le moment où j'en serais à mon point de non-retour, où cela deviendra une obligation dans la suite logique pour mieux vivre. A mon âge c'est me ruiner le reste de ma vie. Ne pas pouvoir travailler à ma propre valeur, mon estime dégringole. C'est avoir peur de ne jamais évoluer dans ma carrière professionnelle, ni même de vivre pleinement certaines expériences de ma jeunesse. Mais passons, ce soir j'avais le ventre d'une femme enceinte, dur et gonflé, mais la bouillotte à fait partir les espoirs improbables de grossesse et à juste endormi les douleurs profondes le temps d'une nuit. Mon coeur a encore pris un coup, malgré l'habitude de voir ma bedaine éphémère dans cet état, je me sens toujours aussi déformée et incapable d'être une femme digne de ce nom.

Une de mes voisines est à la retraite. Elle a des oedèmes aux poumons à cause de son endométriose. J'appréhende l'état de mon avenir sérieusement même si chaque endo a ses particularités.

09-05-2022 au soir

Les « Anglais » ont deux jours de retard. Situation assez stressante pour moi. Je ne sais pas ce qui se passe dans mon corps ni comment l'endométriose va frapper ce mois-ci. Mes hanches se bloquent. J'ai les cuisses qui me brûlent, les doigts qui deviennent maladroits. Une nouvelle crise s'annonce. Je ne cerne plus mon corps.

15-05-2022

Dimanche. Une nuit plutôt complète. J'ai rêvé. Et putain, ce que ça fait du bien. Tout semblait tellement réaliste. Enceinte, notre rêve se réalisait. C'était une petite merveille, les yeux incroyablement uniques, bleu, vert et marron. Un amour inconditionnel comme si un miracle nous avait été confié. Je la sentais contre nous. Le corps chaud et ses petits bras boudinés, ses joues rosées collaient ma poitrine et tous les trois nous vivions le plus beau et le plus tendre des premiers moments de notre vie à trois. Je la revois, elle était tellement réaliste. C'était une fille. Et mes yeux plongés dans les siens, nos mains sur son corps chaud, nous faisions plus qu'un.

24-05-2022

Un mardi qui s'installe comme à son habitude, la route m'attend. J'ai conduit 2h aller-retour, et j'avais tellement mal à la jambe gauche que la droite a fini par compenser. Est venu le moment de me lever, rester debout m'est très vite devenu une corvée. Mes gambettes tremblotent mais pas de froid. Elles libèrent leurs souffrances ou un tant soit peu un minimum de douleurs musculaires.

31-05-2022

Aujourd'hui encore, j'ai longtemps conduit la jambe enfourmillée. Le pied sur l'accélérateur pour 30 minutes d'autoroute, je me masse la cuisse tout en ressentant une gênante compression du bassin aux orteils. Mon ventre ne demandait qu'à exploser. EndoBelly au premier rang, constipation de l'autre. Je m'excuse d'avance pour les personnes sensibles, mais qu'elle torture interne. Là je peux dire que mon corps est un salaud. Je danse parce que si je m'arrête de bouger, je souffre tellement.

15-07-2022

Me voilà revenu. Une période plus légère vient de passer. Un équilibre alimentaire qui m'a permis de surpasser et soulager les douleurs. Mais une main colérique vient me tordre l'ovaire droit, me plie en deux et me fait tomber les larmes. Que ce passe t- il ? Des crampes tellement puissantes que j'aurais interprété cela comme l'appendice en exaltation. Mais je marche, je travaille, et j'assomme la douleur le temps de vivre. Puis elle frappe une fois de plus à la même porte mais du côté gauche. Je ne comprends pas mon corps mais je me dis que ça me passera. Les urgences se seront pour une autre fois.

Un rendez vous pour le moins perturbant.

Dans la salle d'attente de gynécologie ? J'ai dû y passer cinquante minutes. Les cinquante minutes les plus longues de ma vie. J'avais une grosse boule au ventre, sûrement du stress ou une crise que je n'assimilais pas une fois de plus comme telle mais comme une anxiété terrifiante, un état envahisseur. Les patientes défilaient. Moi, je scrutais une affiche préventive qui a tout de suite attiré mon attention.

« Comment diagnostiquer l'endométriose ». Comment vous dire, au fur et à mesure que les explications devenaient claires et précises, reflétant mes symptômes les plus présents, au plus, je prenais conscience de mon état de santé. Aucun gynécologue au monde n'aurait pu me faire un autre diagnostique que celui que je m'étais déjà fait dans cette salle d'attente. Il ne me manquait plus qu'à le voir en image et l'entendre avec des mots par un spécialiste.

Cette affiche me faisait peur. Je me souviens qu'elle présentait des faiblesses féminines ou difficultés qui se présentaient comme des tabous incontournables. Des couples qui se séparent car les parties de jambes en l'air perdent toute jouissance, ou alors que les possibilités de devenir parent diminuent progressivement. J'aurais bien aimé faire ma propre affiche à accrocher juste à côté de celle-ci : « Apprendre et pratiquer la positivité résoudra vos problèmes, et envoyer tout … si cela ne suffit pas ». J'étais mitigée et partagée dans l'idée que tous les problèmes se règlent grâce aux ondes positives qui pouvaient me laisser imaginer mon futur qu'être meilleur et entre l'inébranlable envie de tout envoyer balader sur un coup de tête.

On m'appelle. C'est ma foutue heure.

Je suis entrée. Je me suis assise. Mais je le savais déjà. Le gynécologue m'a regardé. Enfin non. Il a fixé son écran d'ordinateur comme pour prendre des notes, et m'a dit très clairement « Je sais ce que vous avez et je crois savoir qui vous êtes. Vous semblez être une personne apaisée qui en même temps garde un poids trop lourd pour elle. » J'ai été bouleversé d'entendre si peu de mots aussi justes en une seule phrase. J'ai tout de suite compris.

Suite à cela, il a procédé à des questions médicales intimes concernant :

La régularité de mon cycle.
La génétique et les problèmes de santé.
La douleur pendant et en dehors des cycles.
La fatigue chronique.
La couleur des menstruations.
La douleur des rapports sexuels.
Les fausses couches.

Les sauts d'humeur, l'irritabilité.
Les vertiges, les vomissements.
La constipation.
Les douleurs physiques : dos, jambes…

Juste avant l'examen gynécologique, il m'a demandé si je souhaitais avoir des enfants. Lorsque je lui ai dit oui, il m'a tout de suite interpellé en contestant mon choix. « Je ne comprends pas l'envie d'avoir des enfants aussi jeunes. Pour moi, il n'y a que deux raisons à cela. La première est d'ordre religieuse, vous êtes croyants et dans ce cas la situation explique l'envie. La deuxième est que vous avez manqué d'affection dans votre enfance et par conséquent, vous avez besoin de combler ce manque par le biais d'un bébé. ». Aucune des deux hypothèses n'étaient à l'origine de mon envie, de notre envie de fonder une famille. Je garde énormément de choses pour moi, comme toutes mes douleurs, car je n'aime pas me laisser empiéter par les ondes négatives et l'empathie incontrôlée des autres. Alors je me dis toujours que le malheur passera. Quand tout va mal, le lendemain ne peut être que meilleur. A la fin de ma consultation, je lui ai dit simplement merci et je suis partie. Ce jour-là, j'ai ressenti la douleur comme je ne l'ai jamais ressenti. Les larmes attendaient de couler. Les mots me venaient par poignées pour combler le vide mais ils ne cachaient pas grand-chose ou alors mes mots faisaient à peine bonne figure pour montrer que j'étais bien consciente à l'instant T mais que je ne réalisais pas plus que ça que quelque chose de nouveau et d'inconfortable allait commencer. Sans guérison envisagée. Si l'on réfléchit au schéma, le seul remède éphémère et naturel est la grossesse mais faut-il encore y arriver. Il est 23h21, une voix rassurante, féminine et solidaire dans la maladie parle dans mon oreillette. Un podcast ce soir qui vient répondre à certaines de mes questions. Cette femme souffre. Moi aussi. Je ne la connais pas mais je lui prête une si grande attention. Elle exprime sa douleur, ses symptômes car chacune ressent ses propres douleurs. Et derrière tout ça, je garde la rage et je décide d'avancer. Cette jeune femme a été une pièce de mon chemin vers l'acceptation et la compréhension.

Je repense parfois à cette discussion éclairée avec mon gynécologue lorsque qu'il n'avait pas encore prononcé le terme d'endométriose.

« Madame vous avez des lésions. »

Et je peux vous dire, sans mendier votre empathie que ce sont des lésions qui font mal. Mais, à part lui dire « d'accord, merci. », j'aimerais quand même un développement de la situation. Il m'apprend, me renseigne mais je ne comprends pas une phrase. Je ne me bloque pas à l'information en tout cas, pas volontairement, mais je n'arrive pas à rester connectée et à écouter. La prise de conscience m'est impossible. Je gobe certains mots et ferme la porte à d'autres. Je me remémore en boucle cette affiche sur l'endométriose dans la salle d'attente et je ne réalise pas, toujours pas que: « Oui j'en suis une de plus. ».

Comment je vais, comment je vis ? Comment je fais, comment j'écris ?
Comment ? Comment j'suis chaud, comment j'vais pas très
bien ? Combien je vaux, comment je vois demain ?
{…} Attends-moi le monde J'arrive, j'arrive, j'arrive Je réveillais l'espoir J'arrive, j'arrive, j'arrive
Je cherchais en qui croire
J'arrive, j'arrive
Excuse mes fautes Dis que c'était pas si grave
Que c'est des ecchymoses, des bobos Dis-moi que tout est possible
Ci-a ceux qui bravent l'important c'est pas de toucher la cible
{…} Change, invente, arrache, crée Charge, cogne, balafre les
Dès qu'ils te disent que c'est foutu, que c'est foutu Tu les fais taire.

Ben Mazué « La princesse et le dictateur ».

Elle ou moi,
mais pas les deux.

Je ne suis personne. Ou bien au contraire j'en suis une de plus.

02-2022

Je ne me connais plus, mon corps fait son chemin et mon esprit le sien. C'est assez fou d'en être consciente. Mais aussi très complexe d'expliquer ce que je ne peux comprendre. Je ne sais pas encore comment bien visualiser la maladie. Je n'aime pas l'appeler ainsi. Des tas de médecins l'exploitent grammaticalement comme un handicap bien plus qu'une maladie. Et tellement d'autres professionnels de santé nous accompagnent dans l'idée de ne pas la nommer comme un problème, mais comme une partie de nous à laquelle il nous faut tendre l'oreille davantage. Malheureusement, pour bien l'assimiler dans mon témoignage je l'emploierais ainsi.

Avant mes deux fausses couches, je n'aurais jamais pensé être atteinte d'adénomyose utérine. On la qualifie d'endométriose de l'utérus. S'ajoute à cela, le SOPK (le syndrome des ovaires polykystiques). Pour moi, les douleurs n'étaient pas médicales avant ce fatal diagnostic. Je prenais ça comme un dérèglement hormonal dû à plusieurs facteurs, stress et changements environnementaux. Une activité trop physique était aussi une des raisons valables à mon sens. Avec le travail de préparatrice de commandes, où l'activité principale se résume à soulever des poids et des produits sur 7 heures de temps, cinq jours sur sept... l'essoufflement physique et musculaire est bien trop important pour qu'un embryon reçoive la tendresse qu'il lui faut au début de son évolution. C'était naïvement mon approche du problème.

2009

En réalité depuis ma jeunesse, bien avant l'âge de mes règles, j'étais une enfant qui ressentait l'adoption comme une possibilité dans la conception de mon avenir familial. J'avais comme l'impression d'être en incapacité d'être un jour maman. Nombreuses étaient mes amies qui s'imaginaient le ventre rond, l'accouchement, les aléas... Moi non. Loin de moi le manque d'envie de vivre tout cela, mais je ressentais une sensation d'incapacité physique à vivre cette chance de devenir « la mère de ». Quand je repense à cela, je ne cesse de me dire que quelque part mon corps m'envoyait déjà des signaux. Des avertissements nerveux dont je ne savais pas encore bien assimiler. Je passais mon chemin face au problème qui est devenu une réalité, une claque de vérité.

2014

Dès le début de mon adolescence, avoir mal au ventre et ressentir de fortes douleurs au bas du dos me semblait normal. Douloureux. C'était la vie de femme qui débarquait. On me l'avait présentée comme une normalité. Avec le temps, des symptômes qui me paraissaient bénins se sont cumulés. Des crampes aux extrémités des bras et des jambes lourdes se sont prononcées. Des maux de tête sûrement causés par la fatigue ou par ma vue qui changeait selon les moments et les rushs de mes études. Tous ces symptômes ne me laissaient pas imaginer un quelconque souci médical bousculant ma fertilité. Selon moi, un gros manque de sommeil et une hygiène de vie puérile en étaient l'origine. Je me trouvais déjà des excuses pour ne pas passer pour la malade du jour. On entend tellement de clichés faisant du rentre dedans aux femmes qui vivent leurs règles comme un véritable fardeau. « Arrête de te plaindre pour un mal de ventre », « il y a tellement pire dans la vie », « si un jour tu te casses une jambe, qu'est-ce que ça va être »… Alors se taire et subir la douleur étaient des solutions. Complètement stupide et dévastatrice je le dis avec sincérité et vécu, mais c'était une manière de se protéger de ce genre de propos grotesques que l'on entend encore à tout va.

Vous savez, une infime foule de personnes peuvent vous informer sur cette maladie. Encore trop peu de témoignages et programmes médicaux sont à portée de main pour nous aider à avancer dans un avenir plus serein, moins omniprésent et aider avant tout à la comprendre. Par tous nos moyens, on cherche à comprendre nos souffrances. On se renseigne, on lit, on écoute mais tout reste vaste car d'une femme à l'autre les symptômes sont différents, plus ou moins intenses. Je me suis donc mise à écouter des podcasts de témoignages de femmes atteintes, leur parcours, leurs symptômes, leurs astuces remèdes… Et vient le moment où je suis interpelée par un podcast d'une jeune femme qui expliquait sa relation avec son endométriose. Un cas particulier comme beaucoup, mais celui-là ne m'a pas laissé indifférente.

Au début on lui avait détecté la maladie de Crohn. Un trouble de l'organisme qui touche les intestins et qui a donc des répercussions invasives dans les selles. Pendant quelques années elle a été mise sous traitement pour soigner ses symptômes. Mais en vain, rien ne la soulageait. C'est bien plus tard, qu'une gynécologue, après en avoir rencontré une dizaine…, lui évoqua une possible endométriose. Il lui aura fallu sept années pour détecter la cause de ses douleurs et une quinzaine de médecins.

2011

Lorsque j'ai écouté ce témoignage pour le moins alarmant, j'ai repensé à une petite phase de ma vie juste après mes premières menstruations. J'avais des crampes d'estomac, je me pliais en quatre. Lorsque que j'étais à l'école, déjà à l'époque, il m'était impossible de rester concentré ou quand bien même, penser à autre chose, qu'au poignard qui m'était infligé de contenir au plus profond de mon ventre à l'arrivée de chaque nouveau cycle. Assise, j'avais mal, debout, je ne pouvais pas rester. Au bout de quelques semaines de douleurs, ma mère m'a emmené chez mon médecin traitant. Elle m'a prescrit un scanner et une échographie pelvienne. Vous imaginez bien qu'on ne m'a strictement rien diagnostiqué. Mon médecin en a conclu que c'était des boules de stress et que j'en faisais trop. J'avais 13 ans et une future actrice avec d'immenses talents selon certains déjà.

Aujourd'hui

Je les remercie aujourd'hui avec tout l'humour noir que j'ai la force de leur partager. 10 ans de douleurs inconcevables et deux fausses couches à l'heure où je vous confie cela, pour enfin comprendre et voir de mes propres yeux que je suis atteinte d'endométriose. Etrangement. Il ne me reste plus qu'à mettre le doigt sur tout ce qui a de positif dans ma vie et qui m'apporte le sourire. Tout ce qui est pour moi plus fort que le maladie, ce qui m'aide à l'oublier et à m'apaiser au quotidien. Cela tiens pour ma part, à de petites choses simples (savourer un repas, rire et apprendre en famille, faire les courses, lire un livre, imaginer de nouveaux projets de vie…) qui sont de grands remèdes finalement. En plaçant au coeur de cette belle onde de résolutions, mon entourage.

L'endométriose est une saloperie.

Parler sans rien transformer, sans rien assagir de son contexte. C'est une maladie crue, sale. Une tempête de caillots de sang, de pertes vaginales, d'odeurs infâmes, une peau, pour ma part pourrie en bonus. Un physique qui se dégrade et qui prend perpète.

Mes muscles deviennent des salauds. Ils me trahissent et deviennent l'ennemi de mon cerveau. Selon la période de mon cycle, ma peau devient du papier froissé sur lequel on avait au préalable crayonné au pastel grasse un dessin sans aucun sens. Je me réveille, je pense maladie par la douleur. Je mange, je pense maladie par le dépit d'une alimentation anti-inflammatoire suggérée alors que des envies irresponsables m'appellent. Je me lave et je me sens sale, différente, parce que je vois ce ventre gonflé. Je ne connais plus mon corps. Je vais travailler et je pense maladie parce que les vertiges me viennent, les coups de chaud s'accrochent à ma tête, ma poitrine… porter la moindre caisse se résume à escalader l'Everest. Mon coeur s'essouffle et mes muscles se fatiguent.

Il y a des jours où je me pare de cette cape de méchant que peut laisser paraître l'endométriose. On ne la présente pas de cette manière mais elle est vraiment écoeurante. L'endométriose n'est pas une poésie. Dire que la vie de femme c'est avoir ses règles pour ensuite donner la vie, et avoir la chance d'être une femme. NON c'est un mensonge. L'endométriose est une saloperie. Parce qu'elle te fait réaliser à la fois à quel point c'est beau de devenir maman et à quel point tes chances sont faibles de le devenir. Comment en un seul mot détruire une envie naturelle et humaine qui appartient uniquement aux femmes. Un seul mot. INCURABLE. Qui équivaut pour moi à vulnérable. Je n'aime pas entendre que c'est une maladie incurable. Parce que je me sens alors réellement handicapée et tout se dégrade. Mes yeux se noircissent de douleurs, mes lèvres se cachent et se blottissent entre elles. Mon corps s'euthanasie au fil des cycles. Aller aux toilettes quand l'urgence me prend devient un fardeau, une véritable hantise. Je vous passe les détails que j'ai encore du mal à assumer, mais c'est une guerre atroce que de devoir se forcer et de supporter les lésions.

Sous tellement d'aspects différents cette maladie est une emmerde. Car on en meurt pas, mais on ne la guérit pas pour autant, on la supporte et à vie. On sait qu'il va falloir vivre avec mais comment, cela fait partie des solutions que l'on trouvera au fil des ans et des générations. Je l'espère.

Chaque lever du jour est un nouveau round Tu dis
que tu joues pour le maintien
Tu sais ce qui se trame si tu gamberges Si tu
tergiverses si tu serres la vis Mais dans le sens
inverse
Tu poses pas de question, non pas maintenant Tu
sais que les réponses seront toujours de
laisser du temps Alors tu laisses du temps,
laisses du temps Laisses du temps, laisses du
temps
Laisses du temps, laisses du temps Laisses du
temps, laisses du temps Tu remplis tes moments
de devoirs Pour pas que l'envie s'en mêle Parce
que l'envie faut croire Qu'elle est partie avec elle
Mais ça t'est déjà arrivé
D'être aussi down que ça Non mais t'as pas peur
tu sais que la page se
tournera
{…}

Ben Mazué « Illusion »

Cachée.

Je me suis souvent cachée derrière mon côté artiste. Les compliments que l'on me faisait me construisaient en tant qu'individu et me faisaient oublier les parties de moi que je n'aimais pas. J'étais Manon, la fille qui était douée en art plastique et au dessin. Et ça m'allait. J'étais une fille qui observait énormément les autres, ceux qui m'entouraient et qui pouvaient m'instruire par leur façon de réfléchir, de penser, leur humour... leur personnalité. On disait de moi que j'étais timide mais au jour présent je ne dirais pas que c'était de la timidité, simplement de la honte d'être ce que j'étais, alors je préférais écouter les autres et j'en ai développé une certaine personnalité. Une personne à l'écoute et qui tend à l'entraide.

Je ne peux m'empêcher de venir en aide, d'entendre et d'apporter du soutien aux autres, je vis tout en conscience d'être quelqu'un pour autrui et non parce que je suis moi. C'est encore un aspect complexe de ma personne à expliquer. J'arrive à être heureuse et à sourire naïvement en entendant le son des oiseaux et en ressentant la chaleur du soleil à travers la vitre. Ou bien encore, d'apprécier la vie en respirant profondément en position allongée et laissant balader mes pensées, sans pour autant ne pas réaliser les éléments négatifs de la vie qui me construisent finalement. Malgré cette attitude positive, il m'arrive aussi d'être à bout de forces mentale et physique au bout d'une heure de réconfort porté à une personne qui en a le besoin. Certains spécialistes qualifient cet état d'hypersensibilité. L'attention et le temps que je consacre quotidiennement aux autres me fatiguent. Les problèmes des autres me touchent peut-être davantage que les miens. Je gobe les énergies ascensionnelles des gens que je côtoie sans arriver à en prendre le contrôle. Quand ils vont mal, je suis anéantie. Quand ils ont une bonne nouvelle, je passe une bonne journée. Malgré mon éponge empathique, cela ne veut pas forcément dire que je suis dans l'instant T triste ou heureuse concernant ma vie. Mais, la vie des autres contrôle les émotions de la mienne, une grande partie du temps. Je n'y peux rien, je m'y perd. Je souris. Je plaisante. Et le lendemain sera différent.

Tout cela pour dire que l'appétit social et empathique que j'ai envers les autres me forge. Cet appétit me fait ressentir des choses et ces choses-là se doivent d'être exprimées. Sous une forme d'art. D'ailleurs en observant mon travail plastique, je m'aperçois que j'ai toujours représenté des portraits. Des portraits de personnalités atypiques. Lorsqu'il me prend l'envie de dessiner, je m'imprègne d'un visage et je l'exprime sur le papier comme je le perçois. Une alternative qui m'aide à passer outre mes aléas et problèmes. L'endométriose me fait à l'heure actuelle interpréter la vie d'une autre manière. Dans l'idée de se recentrer sur soi-même et ses sensations.

C'est souvent que l'on ne se sent pas prise au sérieux et à partir de réflexion blessantes de la part des autres, on en vient à douter de nos douleurs et à se rabaisser très clairement à leur propos. Je ne compte pas le nombre de fois où je garde mes douleurs pour moi et où je souris pour paraître bien. Parce que si j'ai la simple opportunité d'exprimer que j'ai mal à la tête ou à un membre de mon corps, les personnes prennent directement la porte d'excuses et à me demander si « il y a un jour dans ma vie où je ne me plains pas ». C'est assez violent car je viens à me poser aussi la question et à me dire que j'exagère, puis je me hais, je m'écoute plus au point, parfois de ne plus me regarder. Car moins je me porte d'attention et plus je m'oblige à contenir mes douleurs.

Il y a une autre partie de moi qui se cache. En me fiant à l'idée que mes amies tombent enceintes les unes après les autres, je deviens riche en amour et pauvre en confession. Je me referme naturellement car je ne veux pas leur briser leur bonheur, leur voler leur moment, leur piquer la vedette, car je ne veux pas être au premier plan. Je tais ma douleur et je souris à leur vie parce qu'elles le méritent tellement. Mais quelque part je sais qu'au plus je les admire, et je les envie finalement, et au plus je me fais du mal inconsciemment. Car quelque part, au plus profond de moi, je réveille un manque et une appétence qui ne cesse d'être présents.

Et pourtant
il était bien là.

Un soir, pendant l'un de nos rapports, j'ai eu mal. Plus que d'habitude. J'ai mal au fond, on sent que quelque chose ne va pas. Je saigne. Un peu. Puis une tâche par ci, par là. Il me porte, m'emmène sous la douche et s'occupe de changer les draps tout en étant très inquiet. Ce soir-là, sa réactivité a sauvé mes éventuelles émotions dévastatrices qui auraient pu prendre le pouvoir sur mon état. Moi je ne comprenais pas. Je me sentais sale. Je me sentais nulle. Il m'a regardé et m'a dit avec un regard que je n'oublierais jamais. « J'ai tout cassé ? ». Bien sûr que nan, je ne lui ferais porter aucun chapeau à cet événement. C'était, probablement un spotting ou des règles précoces dû à un éventuel dérèglement. Les jours passèrent. Les vertiges et les coups de chaleur m'accompagnèrent. Des nausées, de la transpiration inhabituelle. C'était, selon mon ressentit, un nouveau cycle qui commençait. Malgré quelles étaient différentes, plus abondantes, au départ elles étaient roses claires. Je me suis tout de suite dit que j'étais enceinte. J'avais comme un espoir, quelque chose de lumineux que je n'avais encore jamais vu et vécu, une sorte de peur positive et bienveillante. Et puis au bout d'une semaine le test était négatif. Ok. On sait toutes qu'au début les tests peuvent être né-

gatif parce que c'est trop tôt. Seulement mes douleurs au ventre se sont accentuées. Mes règles ont
saigné. Saigné. Une hémorragie qui a prit fin au
bout de 8 jours.

C'était long. Mais pour moi c'était un dérèglement
pur et dur. Les jours passèrent les symptômes
aussi, ainsi que les diagnostics. C'était notre première fausse couche mais nous ne le savions pas
encore. Nous l'avons vécu à deux.

Pendant ces huit jours, j'ai pris rendez-vous avec
un médecin différent du mien. Un médecin qui
était en capacité de me faire une échographie rapidement afin d'interpréter au mieux les résultats
de cette prise de sang qui me paraissait assez
étrange. L'heure de l'échographie était arrivée, et
le médecin semblait bien précis, « effectivement
c'est bien ce que je pensais. Il y a eu un embryon
mais il n'a pas réussi à s'accrocher. Mais rassu-
rez-vous, votre utérus est en pleine forme, ainsi
que tout votre système reproductif. Je vais vous
prescrire de l'acide folique, vous êtes sur la bonne
voie. Une fausse couche précoce, cela arrive à
tout le monde. Ne vous mettez pas la pression,
celui-ci arrivera très vite. ».
Aujourd'hui, lorsque je me remémore cette consultation de plus près, je me dis sincèrement qu'on a
de la chance que ces médecins-là ne soient pas
pilotes d'avion.

Puis…

Le mois suivant mes douleurs lors de nos rapports ne nous lâchaient plus. Je ne parvenais pas à déterminer si le plus inacceptable dans cette situation était d'avoir mal ou de frustrer notre moment présent. Mais on s'y habituait et on s'adaptait. Le jour précédant mes prochaines règles, il était tard. 22 heures je dirais ou plus tard encore, on revenait de chez mes parents et je me suis prise d'une crampe poignante au bas du ventre, comment vous expliquer la complexité pour moi de monter les deux étages avant d'arriver à la porte de notre appartement. A peine rentrée, je suis allée m'effondrer de douleurs sur les toilettes sans vraiment le montrer puisque, pour moi il ne s'agissait que de douleurs habituelles menstruelles. Pensant que ça passerait et que mes règles jailliraient subitement, j'ai serré les dents et j'ai attendu. Sans savoir vraiment ce que j'attendais, mais la douleur s'atténuait. Par habitude, mon corps allait gérer la situation de manière naturelle et courageuse. Puis, je mettrais ma couche, comme j'aime en rire. Et je me serais couchée avec une serviette de bain foncée sur les draps pour ne pas tacher le lit durant la nuit. A mes habitudes.

Mais, j'ai patienté sur les toilettes. J'ai compressé mes mains autour de mes hanches pour faire un point de pression sur la douleur sans vraiment savoir la localiser. Je fixe le sol en me demandant si cela se produisait ou si c'est dans ma tête. Les minutes deviennent des heures. J'ai chaud, mes jambes tremblent de manière totalement irrégulière et nerveuse. Soudainement, quelque chose tombe. C'est une petite poche avec quelque chose à l'intérieur. Je n'ai pas tout de suite compris et puis mes règles se sont empressées. C'était notre deuxième fausse couche. Je dis notre, car heureusement pour moi, on vit ce lugubre moment à deux encore une fois. Moralement, je ne savais plus comment prendre les choses, ni quel sentiment ressentir. Je pleure, puis je ris, je pense à autre chose et je revis la scène. Une boucle sans fin que je ne partage pas. C'est complexe d'être à la fois inconsciente d'être enceinte parce que je ressens les premiers symptômes, et de le perdre aussitôt. Tout cela, sans comprendre réellement ce qu'il se passe et encore moins pourquoi l'embryon ne tient pas. Il était bien là, puis la seconde d'après il est parti. Un sacré brouillard mental en confrontation à un immense déluge physique. Tu ne contrôles rien alors que c'est ton propre corps.

A mon diagnostic d'endo, mon gynécologue m'avait dit « On se laisse six mois de traitement sous œstrogènes, et après on intensifie le traitement ». Sous Zytolia et Duphaston dans un premier temps, j'ai essayé de travailler avant tout sur ma positivité, mon moral et de développer une idéologie de la situation plus souple et plus ouverte. Je cherchais mon soleil intérieur pour pouvoir soulager mes douleurs. Mais j'avais mal ou plutôt j'avais peur d'avoir mal chaque jour qui s'en viendrait.

Il y a quelque chose qui me fait du bien et que je conseille. Lorsque de fortes douleurs apparaissent au moment du coucher, mon « mien » se blottit contre moi et pose ses mains sur le bas de mon ventre. Sa chaleur corporelle me fait l'effet d'une bouillotte mais avec tout l'amour, qui me procure un immense soutien moral, c'est juste un véritable soulagement émotionnel et physique sur le moment. La solution la plus saine qui me permet de trouver le sommeil, surpassant les maux qui viennent hanter mes nuits. Un remède naturel et bénéfique qui aide l'autre à participer du mieux possible avec un rien et activement contre la maladie.

Ce qui est compliqué dans notre société c'est de déclarer et combattre à voix haute que ce n'est pas un problème de règles. Mais que c'est bel et bien une maladie de femmes. Un véritable sujet de santé publique pour lequel il faut agir, hommes et femmes réunies.

Lui dire Merci
semble tellement mince.

Mes premiers vrais symptômes qui m'ont alerté en interne et dont j'ai mis un certain temps à assimiler, ont été de fortes douleurs à l'intérieur de l'utérus et des gonflements au bas de mon ventre pendant les rapports sexuels. Ce que l'on appelle la dyspareunie pour celles et ceux qui n'ont jamais mis de mots sur cette forme de souffrance physique. Des douleurs très fortes qui selon les positions deviennent plus ou moins désagréables pendant l'acte voire même insupportable à vivre. Je ressens cette épine endiablée s'enflammer au fond de mon vagin à chacun de mes rapports, et ce depuis ma première fois. Mais maintenant j'arrive enfin à la comprendre et à l'appréhender cette fameuse épine car j'ai pour la première fois un partenaire de vie en face de moi qui se/me questionne et se préoccupe de mes besoins et de mes douleurs. Je dirais même, que ça l'interpèle plus que moi. Pour détailler davantage cette appréhension de la douleur, il faut que je vous conceptualise mes propos.

Juin 2021 s'est offert à moi la plus belle des rencontres. Je suis tombée amoureuse sur une histoire d'honnêteté. Au début j'étais attachée. C'est à la suite de nombreux événements que l'amour a grandis et est devenu ce qu'il est aujourd'hui, un énorme soutien, une partie de moi, une belle ouverture sur l'avenir qui se promet solide. Pour recentrer l'explication, j'ai eu des douleurs utérines et un ventre gonflé à la suite de chacun de nos rapports intimes. Dans le temps, en prêtant oreille à ma souffrance, j'ai très rapidement compris que les positions participaient beaucoup à l'évolution de la douleur. Mes lésions sont placées à des endroits bien précis dans mon utérus et les endroits touchés pendant l'acte dépendent de la position sexuelle. Lorsque mon gynécologue a scruté de plus près les différentes localisations de mes lésions, il m'a tout de suite fait le rapprochement avec l'endométriose et ses nombreuses plaies internes qui peuvent se greffer un peu partout dans le corps des femmes ainsi sujettes à la dyspareunie. Ce qui une fois de plus démontre bien que chaque endométriose est différente, mais vaut toute l'intensité de la douleur proclamée.

Avant de savoir que j'étais atteinte d'endométriose, naïvement ça me faisait mal, mais pour moi c'était seulement un amas d'air piégé dans mon vagin. Rien d'alarmant à mon ressenti. Mon compagnon s'inquiétait pour moi et me parlait d'aller voir un médecin. Têtue et déterminée à comprendre le problème seule, j'ai acquiescé comme une enfant de 15 ans et ma vie à continué sans que rien ne change. Je ne m'en inquiétais pas plus que ça. Ça a duré quelques mois. Mais passé la deuxième fausse couche, c'était pour nous la fois de trop. Il y avait un véritable problème. Et il était temps de comprendre pourquoi nous ne pouvions pas avoir cette vie sexuelle épanouie, ni même engendrer la vie. Temps de comprendre et de changer les choses. Pour que ça cesse d'aboutir à des fausses couches et à l'échec. L'incompréhension se faisait lourde.

Pour parler un peu plus de mon envie soudaine de devenir mère il faut essentiellement comprendre que la clef c'est lui. On a parlé du désir d'avoir des enfants assez rapidement et ouvertement dès les premiers mois de notre relation. Comme beaucoup de choses depuis le début, c'est naturel. On en veut. On en aura. On en rigole. Et si ça doit arriver on sera des parents aimants. Ce qui était une volonté toute passionnelle pour nous, est devenu un véritable combat parmi d'autres. J'ai la chance de partager et de vivre cette maladie injuste avec lui à mes côtés.

Lui dire Merci semble tellement mince.
Vous savez on dit souvent qu'il faut être courageux pour combattre la maladie, peu importe ce qu'il en est. Mais ce n'est pas le conseil le mieux gardé. Non. Bien évidemment qu'il faut être courageux, c'est dans la logique du corps humain et de sa conscience. Non, ce qu'il faut faire entendre et défendre c'est d'être avant tout bien entouré, car la force il faut la cueillir quelque part. La

puiser dans l'amour et les belles choses. Et pour cela, je remercie tendrement les personnes qui ont tendu l'oreille à mes souffrances, mes plaintes et mes besoins en temps et en heure sans jamais me rabaisser.

La déchirure.

Monsieur. Qu'il prenne soin de moi pendant mes pires moments, les fausses couches, les douleurs, l'incompréhension et la fatigue chronique par le biais du plus petit geste au plus enlaçant, c'est une certitude que l'amour et la bienveillance prônent.

Extérieur à tout cela, je garde espoir en la vie et en l'humanité encore plus férocement. Je garde espoir avant tout en toutes les bonnes choses qu'il nous reste tant à apprendre, à aimer et à combler dans notre couple. Apprendre à être parents, à rester jeune tout étant conscient de prendre de l'âge. L'un à côté de l'autre, on comblera nos peurs et nos angoisses. Ce jour-là, le funeste soir de cette nouvelle perte, on m'a arraché une partie de moi encore une fois, mais d'une manière différente. J'ai toujours pensé qu'il fallait savoir être heureux seul pour comprendre le bonheur à deux. J'ai eu la chance de comprendre et de développer les petits bonheurs seule auparavant. Qui peut passer par de petits plaisirs de ne rien faire, de goûter à de nouvelles saveurs, de sortir et de ne s'inquiéter de rien comme si j'étais invincible. Mais j'ai compris et adopté les grands bonheurs à deux car c'est cela aussi. La vie heureuse. L'endométriose ne nous sépare pas, mais nous rend plus forts face aux autres problèmes de la vie qui passent et passeront sur notre route. A deux, on touche de grands bonheurs. Mais, c'est aussi en connaissant les pires moments que l'on s'aime encore plus. Les fausses couches, la séparation incontrôlée, la prison, le manque, la perte d'un être cher. Je ne vous dévoilerai pas les nombreux aspects de notre vie mais ils nous ont forgés.

Vivre ensemble cette perte inconsciente de l'enfant est une force au sein de notre couple et pour le parcours à venir. Mais aussi un immense soutien pour moi. C'est un désir que l'on partage et c'est une force que l'on construit. Certaines le cachent par honte ou par peur. J'ai très vite trouvé auprès de lui le courage d'avancer et de ne pas baisser les bras. On le veut cet enfant. Ensemble. On l'aura. On est jeune. L'amour n'a pas d'âge. Et une famille qui s'aime et veille les uns sur les autres n'a pas de règles pour exister. On sera parents, « bien tôt » ou bien tard.

On serait juste Toi et Moi Loin d'ici ou la-bas Sans règles dignes et sans foi Quand tu veux on y va Toutes les couleurs du ciel

{…} Guillaume Grand « Toi et moi ». Il est important de trouver des personnes qui nous épaules, nous croient et entendent nos souffrances. L'errance médicale est compliquée à subir et seule peut être nuisible. Malheureusement, les réactions des autres sont très importantes. Informer les gens de notre maladie Oui, leur enseigner l'endométriose alors qu'il te rabaisse sur la gravité de tes symptômes Non. Couper court à la discussion c'est se protéger. Sensibiliser seulement les personnes qui seront vos piliers et votre soutien, c'est se fortifier. Conserver aussi un soutien moral pendant le diagnostic, la transition de la prise en charge de la maladie, l'entendre et ensuite la comprendre. Être diagnostiqué après 10 ans dans mon cas comme je l'ai déjà expliqué est vraiment difficile à long terme à gérer et à vivre seule. On attend d'être diagnostiqué mais une fois qu'il est posé, on ne pense jamais à l'après. La minimisation de la maladie est récurrente. Malheureusement, il y a un gros manque d'enseignement de cette maladie ? Elle est à la mode par l'actualité et bien maladroitement mise en lumière mais elle n'est pas assez expliquée à mon sens.

Nous nous devons de le faire par le biais de nos témoignages.

Le Deuil de l'avenir et le chemin vers l'acceptation.

Le deuil périnatal est un chemin essentiel pour surmonter le traumatisme de la perte d'un enfant. Plus précisément pour moi, celle de deux fausses couches précoces, c'est-à-dire vécue entre la conception et les 3 premiers mois de grossesse. Dans mon cas, nous n'avons pas pu identifier depuis combien de temps la grossesse avait commencé que ce soit pour la première comme pour la deuxième. Elles se sont annoncées aux mêmes périodes des menstruations régulières. Donc infime possibilité de savoir à ce moment-là qu'un embryon usait de toutes ses forces pour trouver sa place. Mais l'échec fut répétitif.

Se reconstruire après cette perte est un parcours du combattant au sein du couple en règle générale, mais c'est aussi un vrai deuil pour la femme dans sa conscience féminine. Un drame qui a changé ma personne et qui a fait changer mes priorités, un réel tournant. Le véritable problème dans cet épisode dramatique c'est de passer probablement à coté de sa vie et de céder à l'idée de ne jamais devenir parents, d'en venir à se contenter de ce que l'on a déjà en se disant que notre vie est très bien comme elle est, seulement par peur de refaire des fausses couches, de revivre les douleurs et la perte. Tout en étant dans cette crainte constante d'accentuer le poids du deuil, d'amener éventuellement d'autres problèmes, comme la séparation, l'incompréhension des proches, l'estime de soi en chute libre… Tourner en rond entre l'injustice ressentit et la prise de conscience refoulée.

Faire son deuil selon moi passe par une réelle remise en question personnelle afin de se relever et de trouver comme un sens à la vie dans la fausse couche, puiser une force dans ma vulnérabilité de femme démunie. J'ai pris conscience et écouté les meilleurs experts dans le domaine du deuil périnatal. Il y a donc deux grandes phases pour réussir son deuil dans un profond respect de soi et de ce qui est. Que je vais développer dans la suite de ce chapitre.

Mes deux fausses couches ont été vraiment des phases d'incompréhension au niveau de mon corps mais aussi de mes émotions. Les douleurs étaient tellement fortes surtout la deuxième fois que j'ai vécue un peu toutes ses émotions en même temps, non pas crescendo mais vraiment sous forme de claque frontale, de choc émotionnel entre le choc, la colère, la honte, l'échec… je me suis senti incapable et vulnérable. Ce qui a de triste quand tu prends conscience des choses c'est que toute cette situation fait partie d'un inconscient collectif que les femmes vivent tous les jours. Mes émotions étaient totalement incontrôlables. Ne pas savoir pour moi, a tout de suite engendré la fameuse et douloureuse question : qu'est-ce que j'ai bien fait de mal ? C'est absurde mais c'est une façon de se raccrocher au pourquoi. La moindre petite imperfection du quotidien en devient la cause entraînant la conséquence. Une manière de trouver une justification dans ce silence médical.

Pour revenir à ce chemin du deuil, il nous faut avant tout en premier lieu exprimer ses émotions. Tout garder ne ferait que nier notre douleur bel et bien présente et la faire s'accentuer bien des années plus tard. On appelle cela faire le deuil de l'inconscient, une manière de prendre conscience physiquement de la perte d'un enfant. Ce n'est pas parce qu'on ne l'a pas senti bouger dans son ventre ou pris dans ses bras qu'il n'existait pas. Nombreuses sont celles qui ne ressentent aucune douleur, celles qui n'en parlent pas parce qu'elles ne se sentent pas légitimes d'avoir la parole sur leur grossesse alors que son ventre était plat, qu'elles ne ressentaient aucun symptôme de femme enceinte. Dans ce cas-là on cherche un coupable. Et on ne se cachera pas que le coupable logique qui nous vient à l'esprit ce n'est personne d'autre que nous-même. « Qu'est-ce qu'on a bien pu faire de travers ? Quelque part je suis irresponsable, je n'ai pas su le garder en vie et je me suis même pas rendu compte de sa présence donc ma désastreuse conclusion : je suis incapable d'avoir un enfant et d'en prendre soin. Regarde il est déjà mort avant même que j'arrive à le mettre au monde. ». Ces terribles comportements psychologiques consécutifs entraînent à la dépression bien souvent tardive, de 6 mois à 2 ans après la fausse couche aussi bien chez la femme que chez le partenaire. Pour ma part j'ai commencé à ressentir un coup de mou, je ne sais pas si je suis dans une déprime mais il est vrai que je commence à prendre conscience des choses parce que je commence à peine à en parler en tant que tel à mon entourage et au sein de mon couple 9 mois après. Si cette post-dépression n'est pas soignée personnellement on plonge assez rapidement dans une logique déroutante qui est de vouloir un nouvel enfant pensant aveuglement que cela viendra réparer ou effacer la perte précédente. Pour ma part c'est ce qui s'est passé juste après ma première fausse couche. Et puis bam. La deuxième a suivi le cycle suivant. Double claque à laquelle je pense avoir installé une certaine post-déprime cachée derrière des sourires. Refouler tellement d'émotions que pour moi, je ne soupçonnais même pas une dépression car tout me paraissait normal, comme avant. Alors que rien ne peut être comme avant. Tout change. Ma façon d'appréhender l'avenir, mon moi maternel… Mon lien de cause à effet avait pris le dessus. La peur de revivre ce trauma. Une fausse couche n'est pas un moment, c'est une période. Le corps de la femme a besoin de se remettre de ce traumatisme à la fois physique et émotionnel. Il nous faut appréhender la fausse couche, prévoir la possibilité, se projeter si drame s'en vient.

Il y a aussi un aspect intrusif sur lequel on passe très rapidement, le choix des mots dans le corps médical, mais aussi au sein des proches qui ne prennent pas conscience de la gravité du drame en lui-même. Utiliser le vocabulaire adapté c'est aider à prendre conscience de la perte et à faire le deuil en conséquence. Parler d'un embryon n'a pas le même poids émotionnel et réaliste que de prononcer véritablement le mot bébé ou enfant. Et pourtant dans tout ce champ lexical, une maman attend un enfant et non pas un embryon seulement parce qu'il n'est plus. Etrangement et pour résumer cet aspect que je vous développe, lorsque l'on annonce une grossesse en bonne santé, on attend un enfant mais lorsque l'on perd un enfant, on perd simplement un foetus. Voici la vision de la société. Ils pensent minimiser la douleur mais, finalement à long terme cela ne fait que l'amplifier.

Puis vient au coeur de ce processus de guérison et de deuil la phase aussi essentielle et pour beaucoup insensée, la mise en place d'un rituel de deuil. On a eu un enfant, on lui dit au revoir de n'importe quelle façon qui est la nôtre, sincère et évocatrice afin de concrétiser la perte, que ce soit seule ou à deux. Pour me permettre un aparté, la communication de ce deuil au sein du couple est aussi très importante car elle va aider à comprendre comment le conjoint va voir le deuil, le vivre et le ressentir.

Que ce soit sous diverses formes, la fuite, le rejet, la peur… Il faut aussi dire de manière générale que les hommes ne se projettent pas forcément tout de suite dans la grossesse et ne vont probablement pas le vivre de la même façon ni mettre le même temps de guérison que les femmes. Ce qui est peut-être considéré comme normal. A travers cette communication on va chercher l'acceptation de l'autre et de sa sensibilité, chacun a le droit de ne pas comprendre le deuil de l'autre mais l'accepter est la clef de ce chemin vers l'avenir. Le rôle du couple à travers cette terrible épreuve est de grandir ensemble, de changer ensemble. Le jugement est à extraire de la situation. Et toute cette harmonie du deuil: -est là pour prendre conscience de la préciosité de la vie, -est là pour puiser dans sa vulnérabilité une force qu'on ne se soupçonne pas. Il faut oser les choses, afin de se redécouvrir individuellement et à deux.

Une hyper sensibilité omniprésente et les sauts d'humeur.

Pour ne pas que mon malheur nuit aux autres, je me tais. Je le supporte assez bien sûrement, parce qu'inconsciemment je me suis tu bien trop longtemps sur à peu près tout et n'importe quoi. Sur des choses futiles et d'autres graves. J'écoute beaucoup les autres pour me démontrer que je mène une vie pleine de problèmes banals. Je grandis et m'enrichis en prenant soin de ceux que j'aime et des autres personnes qui sont vulnérables. Être présent pour les autres, c'est exister pour moi.

L'endométriose c'est aussi tirer la tronche et partir en fou rire dans le même quart de temps. Difficile de garder le sourire et la joie de vivre quand la journée se résume à des agressivités qui ne me ressemble pas et qui explose pour un rien, des maux de tête à en faire des montagnes russes imaginaires, une peau qui se dégrade, la sensation d'être une baleine en dessous de mes 40 kilos, sans oublier qu'il m'arrive d'avoir des douleurs aux gencives parfois, rien d'alarmant et peut-être que c'est totalement autre chose mais quand ça vient à sonner à la porte et bien c'est le pompon. Des muscles qui se ramollissent et démangent bien trop souvent. Constamment, je pense que je couve un rhume, une grippe, ou que c'est dans l'idée que je venais de finir de manger, mais un coup j'ai froid, et la seconde d'après je suis en sueur.

Je suis une femme qui aime rire. J'ai toujours tourné les choses à la rigolade. Parfois dans la sobriété du moment, d'autres fois dans la lourdeur du quart d'heure.

Lors du diagnostic, on m'a demandé s'il m'arrivait de vivre des sauts d'humeurs où je ressentais le besoin d'exterminer toutes les personnes qui tentent de penser autrement ou de m'adresser la parole. Je ne dirais pas que je leur souhaite le mal, ce serait cruel. Mais je ressens une certaine colère que je retourne contre moi par la suite. J'ai l'impression de réfléchir différemment, de ne pas me faire comprendre, alors je me répète mais je me fatigue très vite, j'abandonne et la colère prend le dessus. Le sentiment d'incompréhension règne et me détruit. Je pleure tout en ravalant mes larmes. Car il faut rester forte. On appelle ça le spectre de la dépression et de l'anxiété. Je m'énerve souvent contre moi de réagir avec de la colère mal utilisée et servie contre les autres. Les troubles anxio-dépressifs sont la conséquence tardive de l'impact psychologique de la maladie, ainsi qu'à l'hypothèse de réactions inflammatoires en cascade. C'est pour cela, que la prise en charge de la maladie doit se faire assez rapidement, pour éviter cette chute en enfer. On nous conseille d'être suivis par un psychologue. Par un hypnothérapeute. Par toutes formes de médecines psychothérapeutiques. Mais je pense que parler à des proches est déjà une énorme thérapie. Se confier peut parfois être guérisseur. Je dirais souvent même. Pour ma part, en parler avec des personnes à mon écoute me sauve de certains de mes principaux démons.

Apprendre à exprimer ses douleurs, c'est aussi apprendre à s'autogérer, à s'accepter et à mettre un pas dans la maladie positive.

J'ai lu un article chez Endo'mind qui parle de cet aspect de la maladie ainsi que sur l'application Mapatho. On les appelle les douleurs pelviennes neuropathiques, parfois difficiles à diagnostiquer, il s'agit d'un message douloureux causé par l'irritation des petits nerfs. Ce qui avec le temps touche et alourdit votre hypersensibilité, et amplifie l'information de la douleur. A chacune ses sensations désagréables de douleur, elles peuvent être permanentes ou éphémères. On parle alors de sensations telles que la brûlure, le picotement, le fourmillement, l'engourdissement ou la sensation de chaud et froid, parfois même de décharges électriques. Pour ma part, l'engourdissement est assez présent, à chaque fois je me dis que j'ai juste pris de mauvaises positions, mais à tout moment même en plein mouvement ou force musculaire, mes jambes, mes mains et mes bras s'engourdissent. J'ai l'impression d'avoir été démembrée, et que les bras que l'on m'a recousus ne sont pas les miens. Mes extrémités ne dépendent plus de mon corps. J'ai l'insolante perception qu'il y a eux et qu'il y a moi. Une partie de mon corps trahit l'autre. C'est assez étrange comme effet.

Mais lorsque cela m'arrive, j'emmène mes pensées ailleurs, vers d'autres horizons. Je soigne ces plaies avec l'humour, le sourire, je vais vers les autres. Et j'oublie. Je pense que c'est une force mentale travaillée à travers les années qui aide à surmonter ces douleurs neuropathiques qui hantent mes jours. Donner l'impression de faire la gueule alors que c'est la combinaison de la fatigue et des douleurs qui font que naturellement le sourire ne suit plus. Se forcer à paraître est une tâche compliquée au quotidien. Il m'arrive souvent d'annuler une soirée entre filles ou ma présence à un anniversaire simplement parce que c'est trop d'effort à subir. Une fatigue psychique et physique bien trop lourde qui nuit à l'envie et qui dessert aussi ma personne. Je parais tout de suite égoïste et irrespectueuse. Ce qui me ronge car ce n'est pas ce que je suis. Je veux juste avoir le droit comme tout le monde de ne pas avoir envie de sourire, d'être gentil au moins une fois dans l'année sans avoir à me justifier ni même à m'excuser. Et pourtant, je m'excuse, me punit et m'éloigne de certaines personnes parce que je sais que c'est ce qu'elles pensent de moi et que je ne veux pas leur faire plus de peine que cela. Alors je m'absente, je serre les dents, je ressens le manque et l'oubli, et puis quand je me sens assez forte, je reviens avec mon plus sincère sourire et comprends tout en ap-préhension les éventuels rejets de leur part.

Au rythme particulier
d'une chanson ventrale.

J'ai réussi à parler de cette maladie comme telle, c'est-à-dire assez crûment après avoir lu le témoignage poignant d'Enora Malagré. « Le cri du ventre » . Un très bon titre, juste et poignant pour de nombreuses femmes atteintes. Dans mon cas, ce serait plutôt « le sifflement ventral ». Un sifflement ardent qui ne cesse de gronder selon les aléas digestifs et menstruels. Je vis ce trouble comme le vent se présente un jour de tempête, autant qu'un jour ensoleillé. C'est un rythme particulier, d'une chanson sans fin où la notion de refrain n'existe pas. Chaque journée a ses différences.

Le lundi c'est une brise. Le mardi vient le mistral.
Le mercredi la tramontane.
Le jeudi c'est la bourrasque qui tape.
Le vendredi s'en vient alors le souffle, le vrai. Et fait suite à un weekend de tempête.
Le vent s'en va s'en vient. Il faut juste apprendre à vivre au rythme de cette agitation quotidienne. Dans ma vie il y a le chant des oiseaux et celui de mon corps.

Encore l'insomnie, sonnerie du matin Le corps engourdi, toujours endormi, miroir, salle de bain Triste face à face, angoisse du réveil

{…} Encore fatigué, la cloche du midi
Le corps assommé, toujours épuisé, les
masques sont mis Triste face à face, poursuite du
bonheur
{…} Les yeux ouverts, ne trouve pas l'sommeil,
dans
le lit tourne tout l'temps Les phares des voitures
balayent le plafond de
leurs ombres dansantes La nuit étouffe, la chaleur
est lourde, l'orage est
en suspens Où sont les rêves, où sont nos rêves
d'enfants
S'échapper, déserter les rangs S'évader des tapis
roulants Chercher le silence et l'errance Raccrocher, trouver sa cadence
Se foutre des codes, des routines étroites Quitter
son rôle, les cases et les boîtes Ne pas craquer,
claquer, cramer
Desserre ton col pour respirer
{…}

Gaël Faye « Respire ».

Je me réveille et j'appréhende ma journée. Le
cerveau engourdi, la conscience floue, les yeux
ternes et mes jambes qui se demandent encore
comment elles vont arriver à me faire avancer. Je
reprends le cours de la boucle quotidienne. Avoir
mal, arrêter de penser, se forcer, se taire et aller
travailler. Sourire, aider, courir et une fois sur dix,

penser à respirer. Et je serais cette femme qui fait gaffe aux autres. Comme hier, aujourd'hui et demain afin d'être heureuse.

Mes traumatismes et leurs rhumatismes.

J'ai passé le pas. Une décision ferme. Je ne peux plus vivre avec ces douleurs qui m'empêchent de marcher et de me déplacer sereinement. Boiter à tout va, devient de plus en plus compliqué pour moi à gérer au quotidien. J'ai pris rendez-vous avec une ostéopathe.

Il est 15h02. Les deux minutes de retard les plus soulageantes depuis ses 8 derniers mois. L'échéance qui me mène à la résolution d'un problème de plus et d'un probable fait médical complémentaire à cette errance ne me tombe pas brutalement dessus pour la première fois. Aucune affiche ne vient me donner la frousse. Seulement un signe. Une énergie qui donne envie de se battre ; un nouveau-né endormi et serein en photo face à mon siège d'attente. La jeune praticienne m'ouvre sa porte, c'est mon heure. Une ostéopathe choisie par instinct et bien choisie. Elle m'explique son processus de travail, les différents aspects qu'elle souhaite comprendre et prendre en compte pour appréhender les problèmes et le corps. Je lui explique mon parcours professionnel en détail, mes fausses couches en lui définissant les douleurs et les périodes. Puis vient la question des traumatismes physiques ou moraux vécus au cours de cette année. La fameuse interrogation me fige et me brume les yeux. Je lui décris en détail les fausses couches et autres problèmes de ma vie de couple qui entre en jeu. Elle prend note.

« Assaillez-vous. ».

Je me positionne bien droite sur sa planche d'exercice. Elle me tripote le dos, les vertèbres, les omoplates, et j'en passe. Puis bloque sur mon coccyx. Me demande de m'allonger et teste alors la totalité de ma force sur l'ensemble du corps. Puis elle m'annonce « Toute la partie gauche de votre corps est comme enfermée. Il n'est pas aussi souple que le côté droit. Quelque chose l'empêche dans ses actions de se mettre en mouvement correctement après 45 minutes de recherches et de massages, elle finit par poser le diagnostic. « Il y a deux possibilités. La première étant la rétraction de votre psoas et donc la mise en tension de ce fameux muscle qui relie le coccyx, l'os des hanches et celui du pubis, qui est sûrement dû émotionnellement et physiquement à vos fausses couches. La seconde hypothèse met en lumière la partie émotionnelle et traumatique. Cette partie du corps humain se met en tension souvent à la suite d'un fort traumatisme ou d'une accumulation de mauvaises choses. ». Elle me donne des exercices, un autre rendez-vous et me demande de gérer mon stress pour donner le plus de repos possible à mon muscle qui est sous tension depuis une durée bien trop longue.

Je suis sortie soulager et en forme. Je craquais dans tous les sens mais je renaissais. Bon, les prochains jours ont été une avalanche de fatigue. Et de nouvelles douleurs qui m'ont fait découvrir et ouvrir les yeux sur des zones de mon corps que je n'avais jamais remarqué utiles.

On en parle plus intimement.

Si la question fatale c'est est-ce que moi aussi je souffre lors des rapports ? Et bien Oui. Mais souffrir ne veut pas dire bannir. Il suffit de bien observer les positions les plus douloureuses et de les réadapter.

Ma toute première relation sexuelle, j'étais âgée de 17 ans, et elle a été la pire expérience de ma vie. D'un point de vue purement personnel. Les plus grosses douleurs internes et physiques que j'ai ressenties de ma vie, suite à cela, je suis restée célibataire une poignée de mois. 3 ans à peu près. Pour moi, rien ne me liait à l'endométriose, mais seulement à une première fois stressée qui ne m'avait pas permis de ressentir cette folie et ce plaisir que tout couple épanoui décrit lors de leur anecdote du premier soir. C'est ce qui s'est passé avec chacune des relations entretenues par la suite. Ce pour quoi je n'ai jamais vraiment ressenti d'attirance sexuelle dès le premier rendez-vous. Tout est intellectualisé pour éviter la moindre douleur physique.
Maintenant que je me suis penchée sur cette mystérieuse douleur utérine et que je suis épaulé par ma moitié, je n'ai plus peur d'avoir des relations. Je suis dans une recherche constante, qui rythme expérience et découverte de soi. Je localise les

lésions et cherche mon plaisir en même temps. Chercher à faire la différence, à comprendre les messages envoyer pas mon corps. Puis l'expliquer à son partenaire pour l'impliquer et lui montrer aussi qu'il est important dans ce processus de la compréhension de soi, de ma découverte et d'un nouveau plaisir potentiel.

Il y a ce que l'on ressent physiquement, On a mal. Il est vrai que nous sommes la victime numéro un. Mais n'en oublions pas notre partenaire. La frustration et la culpabilité du partenaire de se sentir à l'origine de notre mal-être sont quasi systématiques. Il nous faut partager les sensations et expliquer les origines car c'est l'une des parties de la maladie que l'on vit à deux véridiquement.

Il y a aussi ce l'on ressent psychologiquement, On souffre, on se questionne et on se met en retrait. Nous avons la principale impression de ne pas permettre à l'autre de vivre pleinement le moment, sans qu'il ne cesse de réfléchir si oui ou non nous aurons des douleurs. Il est très important de soigner l'autre. L'une des premières problématiques qui heurte et qui est causée à 70% par l'endométriose au sein d'un couple est celle de continuer et d'apprendre à aimer sa partenaire souffrant de l'anxiété. Sachez avant tout qu'il ne faut jamais minimiser ses symptômes au risque de casser les notions de protection et sécurité qui sont établi automatiquement au sein de votre amour. Il vous faut monsieur et madame, reconnaître au fil du temps ce qui déclenche son anxiété et à partir de cela être patient conciliant. N'oubliez pas que si elle est irritable ce n'est pas de votre faute à tous les coups, apprend à l'écouter lorsqu'elle se confie à toi, lorsqu'elle te parle de ce qu'elle traverse. Empathie et bienveillance font votre force. Et surtout la clef: acceptez de ne pas tout savoir, être curieux et de tendre l'oreille.

Et le conseil qui paraît assez résiliant et sombre, et qui est pourtant l'un des plus ordinaires, prenez soin de votre santé mentale pour être le plus en forme, pour être aux côtés de votre femme. Elle en aura besoin.

Des années
d'incompréhension.

Des années et des années d'incompréhension face à un symptôme en particulier, qui à l'époque paraissait d'actualité. La puberté, les vicieux boutons. Je combine à cette endométriose, une dermatillomanie sévère que j'ai tardé à diagnostiquer. Très peu de personnes savent ce qu'est la dermatillomanie. Je l'explique en bref, dans mon cas, dès que je stress ou ressent une angoisse assez profonde, je me gratte jusqu'à me faire saigner. Je m'arrache la peau sans même ressentir la moindre douleur. A vrai dire, je me gratte fort et je soulage mon esprit de manière psychique. Au plus je me gratte et au plus je suis satisfaite. Et lorsque j'en arrive au sang ou aux marques de griffures je m'arrête et je le regrette. Une fois sur deux j'en suis consciente.

C'est compliqué à comprendre, car ce n'est pas de la mutilation. La mutilation est un acte poussé par la volonté, alors que là c'est un acte très souvent, voire même directement poussé par l'inconscient. Pourquoi j'évoque cet aspect de ma santé ? Le stress. Un des plus gros facteurs qui engendre les douleurs de l'endométriose, qui est très actif et destructeur dans ma vie. J'ai annulé et déplacé pas mal de rendez-vous médicaux, de rendez-vous ponctuels, des instants où j'aurais pu profiter de la vie et à la place je restais cloîtrée dans mon canapé. Avec la honte de l'instant. La honte de ma prise de décision. Ce stress me pousse à m'arracher, me triturer le moindre défaut de ma peau sans que même je ne m'en rende compte. Devant la télé, dans la nuit pendant le sommeil, sous la douche, en mangeant, dès que je ne contrôlais plus mon esprit et qu'il virevoltait dans des souvenirs ou des pensées trop pesantes, je m'arrachais brutalement et à la fois discrètement la moindre petite imperfection. Ces crises pouvaient durer dix à quinze minutes, des jours ou des périodes elles s'étendaient jusqu'à deux heures de souffrance. Mais je n'étais pas consciente du temps que je perdais devant les miroirs.

Je dis que « savoir c'est comprendre » parce qu'il est clair maintenant pour moi que si j'avais su certaines choses il y a une sacrée poignée d'années, je ne vivrais pas cette endométriose avec autant de symptômes. J'ai entretenu mon anxiété toutes ces années. Un véritable cercle vicieux. Je stress donc je me fais du mal. Si on m'avait enseigné ou montré le chemin pour soulager mes moments de panique et gérer mes appréhensions, ma vie serait totalement différente. Je m'aimerais peut- être à ma juste valeur qui sait ? J'ai récemment lu un article qui expliquait que la douleur neuropathique non traitée dans les six premiers mois du diagnostic peut évoluer et toucher davantage d'organes, le plus souvent les plus nerveux. Entre vous et moi, si les douleurs neuropathiques ont été présentes bien avant le diagnostic, alors le compte à rebours est vraiment bien entamé. Une algologue devrait être amenée à vous confier des clefs adaptées à votre endométriose.

Plus petite encore, j'avais commencé par me gratter la tête. Recouverte de croûtes cachées, je me persuadais dans mes phases de grattage intenses que personne ne le verrait. Ma chevelure touffue et épaisse les camouflerait. Je n'osais plus aller chez le coiffeur, car je risquais de me faire démasquer. C'est un peu plus tard que j'ai étendu cette manie et mes mimiques sur le reste de mon enveloppe corporelle. Ça a commencé par les bras, puis le dos, les cuisses et le buste. Tous les endroits qui étaient recouverts de vêtements étaient victimes de mon stress. Adieu la piscine, la plage, les robes de soirées et hauts décolletés pour les nuits d'été. Plus jamais de moment bronzage, car mon corps après toutes ses blessures, se tatouait de taches de soleil, des taches brunes qui me dégoutaient au plus haut point. J'avais honte et j'en étais à l'origine.

Pour ce qui concerne l'endométriose, le mental joue beaucoup alors je le fortifie et tout se surpasse. Je me lève, j'ai mal, mais je vis. Avec la douleur mais j'y vais, je fonce et je vais travailler. Depuis l'examen gynécologique, j'ai dû être absente une fois pour cause de fortes crises. Les autres fois je me suis levée et j'ai travaillé, plier en quatre mais j'ai serré les dents, j'ai ouvert les yeux, et foncé, mes pieds en marche. La fatigue se bat contre ma volonté de vivre ma jeunesse. Prendre sur soi c'est essayer d'avancer. J'apprends de jour en jour à vivre avec la douleur et à la stabiliser dans mon quotidien. Je ne sais pas si j'accepte la maladie, mais le mot de la maladie est injuste, parce que je ne vais pas en mourir, c'est chronique donc c'est dérangeant, c'est douloureux mais je vis. J'encaisse et je ne sais pas si je l'accepterais un jour. Mon cerveau s'enfume de pensées pour effacer mes douleurs.

« Je souris à la vie. »

L'évacuation du stress.

Ouvrir les yeux subitement à 3h du matin par froid parce que tu te retrouves complètement nue, sans savoir comment tu en es arrivée là. Ou bien encore se réveiller en plein milieu d'un rêve qui semblait tellement réaliste que les draps et le peu d'habits avec lesquels je m'étais endormie sont trempés. Lorsque je dis « trempés », c'est à prendre au 1er degré, c'est changer les draps dans la nuit et se changer de tenue complète pour mieux se rendormir. On dit souvent que le stress accumulé la journée est évacué la nuit. Mon cerveau se joue tellement de mes émotions jour et nuit que mon corps en pâtit.

Et c'est loin d'être une partie de plaisir. Transpirer. C'est glamour comme façon de dormir. Dans le chapitre où je parle concrètement de la cruauté de cette maladie et à quel point elle détruit ta féminité, et bien là, ce sujet met clairement les pieds dans le plat. Longtemps j'ai pensé que c'était génétique, car mon père vit la même chose que moi, il évacue son stresse journalier la nuit de cette manière ci. Donc c'était évident pour moi que je tenais ça de lui. Mais maintenant je comprends mieux l'origine de toute cette galère nocturne, due en particulier au syndrome des ovaires polykystiques. Mon gynécologue m'a aussi demandé si je perdais mes cheveux. Naïvement comme tout le monde évidemment. Mais en matière de quantité c'était trop selon lui. Chaque fois que je passe la main dans les cheveux et j'en enlève une poignée, pas au point d'en laisser un trou apparaître sur la peau abimée de mon crâne, mais assez pour dire que le stress détruisait déjà une partie de mon système vital.

Avez-vous déjà entendu parler des troubles de l'alimentation due à l'endométriose ? Chacune des filles atteintes de l'endo ont leurs troubles et leurs failles qui sont associés au stress et à l'anxiété. Ces maîtres mots douloureux sont aussi à l'origine des crampes abdominales. Seulement dans mon cas, instinctivement, quand la vague de sentiments négatifs me submerge, mon corps appelle la faim. Je pourrais dévorer un frigo entier et dans la minute qui suit, sombrer à la vue du moindre aliment, je suis dans le dégoût de la nourriture. Il n'y a pas d'heure, je redoute un moment dans ma vie et j'ai une envie de chocolat, de boisson aromatisée au sucre, de raclette, et j'en passe. La fringale c'est mon démon. Un démon qui est le meilleur allié de mon autre démon qu'est l'anxiété.

Je ne réalise pas toujours l'arrivée soudaine de ces troubles, c'est seulement lorsque l'on me fait remarquer que je parle de « bouffes » sur l'instant que je me rends compte de l'impact que ça a sur ma vie. Rien de sain, rien de soulageant. L'endo se rebelle et me cogne de l'intérieur.

L'endoBelly et l'alimentation.

Reflets de ballonnements donnant un ventre de femme enceinte, installant un immense vide de bonheur au seul regard d'une femme voici la définition qui résume bien la situation. Une journée de plus au rythme de l'endobelly. Elle a prit possession de mon corps de manière incontrôlée. Le plus douloureux c'est d'être conscient de ce qu'il se passe et de n'avoir aucune clef en main pour stopper la situation.

03-2022

J'ai faim mais à peine une cuillère dans la bouche, mon ventre se tord et se déchire. Gonflé à bloc, il me fige sur ma chaise. Il ne me faut que peu de temps pour commencer à avoir la jambe droite qui se bloque en marchant. Les douleurs reprennent de plus bel. Un repas auquel je n'ai rien mangé. Une honte face à l'incompréhension de mes partenaires de tables. « Pas étonnant que tu fasses le poids d'une plume si tu ne manges rien. » J'en arrive à me dire des choses aussi horribles.

Aujourd'hui

L'alimentation joue toutes ces cartes dans ma situation. Enfant d'une famille ouverte sur le mode d'alimentation, j'ai été élevée à la viande de toutes sortes, aux légumes, fruits et aliments en tous genres. La charcuterie, les fromages, le laitage et les aliments addictifs de toutes sortes m'ont accompagné toute mon enfance. J'ai eu la chance de garder un tempérament nerveux et de ne pas prendre de poids. Cependant, il est arrivé un temps où il me faut faire des concessions. Les douleurs s'éveillent aussi à cause d'aliments inflammatoires. Il me faut faire du tri. Finis les viandes rouges, les produits laitiers d'origines animal, le chocolat à tout va, les plateaux de charcuterie et de fromages, ainsi que le gluten et les sucres raffinés pro-inflammatoire.

J'ai suivi le programme d'une naturopathe qui a étudié l'endométriose. Ce sera donc fruits et légumes bio à volonté, viandes blanches, oeufs de poules élevées sans antibio et sans OGM. Ainsi que des fruits à coques, sans oublier ce qui est devenu mon péché mignon : le lait végétal. Les douleurs se sont grandement atténuées depuis ce nouveau rituel. Mais il vous faut le mettre en place volontairement et y prendre du plaisir. Car se priver c'est animer un certain stress qui ne ferait qu'endommager davantage votre endométriose. Faire attention à l'eau que l'on boit est aussi essentiel car si vous êtes comme moi, la constipation est un problème quotidien inflammatoire et désavantageux pour mon jeune âge. L'eau des bébés est la meilleure pour ne pas vous citer de noms. Il faut

à tout pris éviter l'eau du robinet ou l'eau en bou-
teille. Une gourde en verre où l'eau est filtrée par
un charbon est la meilleure solution.

La médecine douce.

J'ai commencé à croire en l'efficacité du yoga et de l'alimentation depuis l'endométriose. Mon moral fait constamment balance entre la fatigue chronique et la posture animale qu'elle engendre. Je ne me sens pas femme, je me sens comme un humain cabossé, recroquevillé et lourd. Et lorsque je sors d'une micro-séance de yoga, je reprends confiance en tant que femme mais aussi en matière d'accomplissement et de soulagement. Une détente pour le moins bienvenue. Mon corps retrouve son identité. Celui d'une femme de 23 ans en bonne santé.

Avant de me coucher je fais une séance de yoga afin de me remettre en phase avec mon corps et de m'étirer pour détendre les tissus internes. C'est un moment où je réapprends sincèrement à apprécier ce que je suis. Qui je suis. C'est un moment important pour moi, car 80% de mon temps je me sens bouffie et le corps lourd. C'est un combat physique et moral constant. J'ai le ventre toujours gonflé. J'ai l'impression d'être à temps plein enceinte sans pouvoir l'être aussi facilement.

Le ventre rond et dur, tendu. Dans le milieu médical, on appelle ce phénomène l'endobelly. Cela peut paraître difficile à croire pour ceux qui ne croient pas en la naturopathie, mais l'alimentation aussi joue un rôle primordial. Depuis que j'ai changé mes habitudes alimentaires, enlevé certains aliments et réduit d'autres, mes douleurs sont beaucoup moins intenses. J'ai la chance d'avoir à mes côtés une tante dans la profession et qui m'épaule à chacun de mes problèmes de santé. Le jour où je lui ai demandé conseil et annoncé mon endométriose, elle a su me guider tout de suite. La naturopathie a étudié cette maladie et je pense qu'il faut sincèrement l'implémenter dans notre quotidien. C'est un chemin parfois long et compliqué, car on bouscule nos habitudes, nos besoins pour le moins néfastes et nous plongeons dans une frustration dominatrice qui endurcit notre humeur quotidienne.

Dans tout ce brouhaha, je me cherche de manière philosophique. Je suis une personne qui voit toujours tout de deux manières différentes. Une manie de peser le pour et le contre, de voir qu'il n'y a jamais qu'une seule solution, qu'une seule option. Il m'arrive de me dire que les choses n'arrivent jamais par hasard, on en est maître, donc si l'endométriose est là c'est que j'ai fait des choses pour m'y conduire qu'il faut que je prenne en main, ou d'autres que je n'ai pas faites pour en être atteintes. D'une certaine façon je me dis que la maladie est une conséquence. Et d'une autre, bah naïvement si ça devait arriver et bien c'est là. Peut- être que ça devait se passer comme cela. Une épreuve à surmonter de plus pour devenir une femme encore plus forte et venir en aide davantage à ceux qui en ont besoin et qui n'ont pas les épaules aussi solides.

Dans cette phase de réflexion j'ai beaucoup lu, ce n'est pas de moi, je préfère les prises de notes pendant les documentaires mais là il me fallait des mots posés. Des témoignages écrits par la personne en question. Comme si on me parlait directement, que l'on me tendait la main et l'oreille. A partir de là, j'ai voulu écrire mon propre témoignage dans l'idée de garder une trace, d'aider les autres et avant tout de me faire ma propre thérapie pour avancer. Un jour ma fille et la vôtre pourra je l'espère, lire ce témoignage de plus qui répondra à certaines de ses questions et qui l'épaulera dans son possible combat. Je ne cherche pas la sagesse, parce que je pense que je l'ai déjà au fond de moi, elle a fait partie de mon éducation. Mais j'ai eu besoin, tout comme les témoignages, d'en lire quelques lignes. C'est avec Frédéric Lenoir que j'y ai mis des mots.

J'en retiens un discours que je cherche à m'approprier encore aujourd'hui : « La sagesse, selon les mots d'Epictête, nous invite à distinguer ce qui dépend de nous de ce qui ne dépend pas de nous. Lorsque survient un événement, une maladie grave par exemple, que nous n'avons pas choisi, il dépend néanmoins de nous, d'une part, de chercher à nous soigner, d'autre part, d'essayer de réagir le mieux possible à cette épreuve, au lieu de nous laisser abattre. ». Oui c'est ça. Oui je suis atteinte d'endométriose. Oui nous en sommes atteintes. Mais, dans tout ça nous sommes aussi des femmes, des mamans, des soeurs, des tantes, et tellement bien plus. Je pense grandement que la sagesse est la clef d'une fertilité à toute épreuve. Mais une clef pour vivre avec, la placer en arrière-plan, et ouvrir une porte de la reconnaissance, afin de vivre comme toutes les autres femmes.

La clef non pas d'une guérison, car elle restera malheureusement incurable. Ce qu'il faut savoir, c'est que c'est une maladie dite de civilisation, elle est donc « curable », c'est la médecine tradi-tionnelle qui dit que c'est incurable, car ils ne pro-posent pas de modification de l'environnement de la personne.

Accepter ce qui est.

L'acceptation. Un long chemin pour en arriver là, un jour on l'accepte peut-être même, en allant jusqu'à l'aimer, car c'est juste nous finalement. Un autre jour tu l'a déteste parce qu'elle réduit ta vie à une sorte de mutinerie, tu restes allongée à refuser toutes propositions de t'amuser et de profiter de ta jeunesse. Il est facile pour les autres de te dire bouge toi. Lèves-toi, arrête de faire la malade, il te suffit de bouger tes fesses. NON. Il ne suffit pas de lever ses fesses, parce que sinon on serait en train de voyager de pays en pays, de goûter à chacune des soirées entre amis. Rien ne nous passerait sous le nez. On porterait sûrement toutes sortes de fringues hautes en couleurs, slim, corset et à notre avantage sans en souffrir. Bien que, depuis que la médecine douce fait partie intégrante du traitement, j'affirme tout de même que j'ai gagné de ce coté-là pas mal d'opportunités à vivre davantage selon mes envies, surtout depuis que j'associe alimentation adaptée, yoga et écriture.

Je n'ai jamais pris de pilule ou d'hormone, le naturel au maximum. Chacun pense et vis comme bon lui semble. Mais le naturel est important contre la douleur, entraîner et muscler son cerveau à faire face à la douleur et tous ces symptômes chroniques, c'est prendre du muscle et vaincre d'une certaine manière la maladie. Prendre le contrôle de ma vie.

Savoir prendre sur soi et continuer à avancer. Tout en se battant pour être prise au sérieux dans la maladie. Notre système immunitaire prend une sacrée claque. Ce gros manque de sommeil constant nous fragilise et donne des raisons encore plus précises et réelles d'avoir mal quelque part n'importe où, n'importe quand.

La positive attitude.

La positive attitude est selon moi, de mettre le doigt sur tout ce qui a de positif dans ma vie et qui m'apporte le sourire. Ce qui est pour moi plus fort que la maladie qui m'aide à l'oublier et à m'apaiser au quotidien. De petites choses qui sont de grands remèdes finalement. Mon copain, ma famille, mes amis. Le contact avec les gens que j'aime sincèrement. Depuis que l'on m'a diagnostiqué, j'ai eu comme un déclic qui m'a demandé du raisonnement et une prise de conscience importante. Faire le tri et garder auprès de soi les personnes qui me font du bien, qui m'écoute et m'accompagne. Égoïstement, j'ai laissé les autres prendre le large en les remerciant d'avoir fait partie d'un bout de ma vie. Je suis un soleil. Chacun de mes proches est un rayon plus au moins intense. Voici une positive attitude que je m'encourage à tenir. N'oubliez pas que vous êtes toutes votre propre soleil et vos proches vous aident à stabiliser l'intensité de vos rayons mais ne dépendez en aucun cas d'eux.

Il m'arrive très souvent, c'est ma façon de voir la vie et de la vivre, d'ouvrir les yeux et avant tout de respirer la chance et la force de connaître toutes ces petites choses effervescentes de la vie. Nous avons tellement de choses simples à portée de mains. Le plaisir, le goût, l'envie, tout ce qu'on ne peut pas nous enlever, qui est inné chez l'humain. La danse en est un exemple, heureusement on a tous ces sens qui pour la majorité d'entre nous, nous font ressentir les choses. Profiter du toucher tant qu'on en a encore la possibilité. Toucher naïvement et avec émerveillement tout ce dont vous avez envie de toucher, de manipuler, d'appréhender. Prendre au sérieux le plaisir de découvrir la vie sous toutes ses formes. L'endométriose c'est se découvrir et développer une force mentale de lionne.

Dans mon lendemain, je serai maman.

Souvent les personnes qui ont connaissance de ma maladie, ont peur de faire une gaffe en abordant le sujet de la maternité. Ils évitent les sujets sur les couches et les tests de grossesse comme si c'était tabou et tout de suite renvoyé à mes problèmes de concevoir. Je ne cesse de leur expliquer que je ne suis pas dans une situation d'infertilité. Je serais maman. J'en suis sûre. C'est en partie une question d'hygiène de vie.

Je suis une grande cousine épanouie, une tata qui aime cet enfant avant même qu'il naisse. Les enfants m'aiment plutôt bien en général. Ils trouvent chez moi une copine, un clown, une personne à qui faire des câlins, des confidences et demander conseil. Je pense que la véritable frustration pour moi dans l'idée d'être à mi- parcours de devenir maman un jour, est l'héritage. J'aime apprendre de l'autre. Et rien n'est sûrement plus beau que d'apprendre de ses propres enfants. On se doit de leur apprendre la vie et de les suivre dans le brouillard à chacune des tumultueuses périodes de leur vie. Mais il est aussi admirable d'écouter, de prendre le temps de les accompagner dans leur imagination la plus folle qu'elle soit. Bien sûr, je veux les aimer et les soutenir dans toute la panoplie de petits bobos de la vie. A côté de cela, j'ai aussi ce besoin inconditionnel d'apprendre la vie avec eux, à leurs côtés. Car devenir parent c'est grandir une seconde fois. Il est difficile d'expliquer aux autres l'endométriose. Car il est déjà complexe de la comprendre par soi-même. La notion importante, à laquelle la majorité des personnes pense, c'est l'infertilité. On ne parle pas d'infertilité, malgré le poids des questions que l'on peut se poser et l'impacte que cela nous inflige, mais de complexité à en concevoir. L'endométriose n'est pas synonyme d'impossibilité, mais de fausse couche. C'est un long chemin, seulement c'est un sentier qui a ses failles, ses issues et auquel il est à nous de trouver la clef.

La seule chose qui me fait peur dans toute cette histoire de devenir mère c'est d'être face à une grande probabilité de transmettre ma maladie à mon enfant dans la possibilité que ce soit une fille. Car les probabilités sont assez fortes. Je me demande souvent si ce n'est pas égoïste d'imposer cela, et en même temps contrairement à moi, elle, elle aura la chance de m'avoir auprès d'elle pour lui expliquer la maladie et l'aider dans son combat qui sera peut-être le sien aussi. Il y a des jours où c'est compliqué de sourire à un enfant car c'est aussi difficile de se dire que l'on ne connaîtra peut-être jamais ça un jour. Mais lui sourire c'est combler ce vide et mettre de côté ces questionnements.
De vouloir subitement être maman ça me mène à

d'autres combats qui me poussent à devenir mère, mais avec un objectif plus fort, de devenir meilleure. Je vois la vie tellement plus simplement. Tout me fascine, m'exalte. Je m'enthousiaste pour un petit rien. Je vois un peu plus le monde sous toutes ses couleurs et j'apprends à aimer le moindre petit détail qui me mène au bonheur.

J'en fais pas assez pour le climat Je dis climat
pour dire pollution
Je me dis souvent que si encore on polluait
pour une mission Comme aller à l'aventure de
l'univers mais
même pas On pollue juste pour être plus nombreux et
vivre plus vieux
Alors qu'on trouve que vieux c'est nul et que
nombreux c'est dangereux On reste tous là, les
bras ballants devant ce
monde qui brûle Et on se moque de ceux qui
voudraient le sauver en triant leurs déchets
Je sais que je vais mourir Mais je continue souvent à agir comme si j'allai
être éternel Je sais que je vais mourir
Et pourtant, je peux passer ma matinée À essayer
de régler un problème qui n'en vaut
pas la peine Je suis pas très original
{…} J'aimerai bien que mes enfants soient épa-
nouis Alors j'essaie de leur ouvrir des tas de
portes

sur la vie En espérant que derrière l'une d'elles, il
y ai une
passion J'essaie même d'accepter l'idée qu'ils
n'aient
pas de passion
{…} Je défendrai toujours la sécurité sociale
Le coup d'boule de Zidane
L'humain dans tout salaud qui sommeille que le
monde a éteint J'aime quand on se dit merci, par-
don, bravo J'aime quand on crée un lien et quand
ça
s'éclaircit
{…}

Ben Mazué « Pas très original ».

En aparté :

Je suis actuellement dans une phase difficile à vivre et à la
fois pleine d'espoir. Au moment même où je vous pose les
mots sur ce papier, mon premier enfant aurait fêté ses deux
mois environ. J'aurais sûrement une tête de zombie, les cheveux en bataille et la poubelle des couches qui déborde.
Mon planning serait sans aucun doute overbooké et mes
amies et ma famille bien loin de mes priorités. Lorsque je
m'imagine cette situation, je réalise que sans doute je n'aurais pas vécu ce bonheur de la même façon. La vision des
choses aurait été très différente. La dimension réelle de cette
chance d'être mère n'aurait pas été aussi réaliste et vivante.

Je t'ai laissé un mot, toi mon endo.

Voilà déjà 10 ans que l'on cohabite et seulement 6 mois que l'on apprend à se connaître, maintenant je te salue, toi mon endométriose, pour toute cette vie que l'on passera ensemble. J'aimerais te souligner que tu as brisé en moi plus qu'un coeur d'enfant, je suis une femme à qui tu as réduit les rêves à des injustices. Sur qui tu n'as pas encore mis la main concernant l'immense espoir du bonheur qui la force à se lever. Tu as fait couler mes larmes. Je ne sais pas si tu as détruit la personne que je suis, mais tu as transformé la personne que je pourrai être un jour. Tu as brisé une vie, toutes les minutes dans celles- ci, chaque nouvelle respiration sera marquée par la douleur. Tu nous as empêché de connaître ces deux petits bouts qui étaient en moi et tu as déclenché un combat tel que tu n'imagines même pas la force de ma détermination à la soulever. Tu seras chacune des pierres sur mon chemin, mais je te surpasserais par la force de l'amour et de la vie.

À demain.

Merci à toutes les personnes qui m'ont donné le sourire et la force de garder le sang froid. Merci à tous les auteurs et artistes qui m'ont permis d'utiliser la musique et les paroles comme tremplin dans les douleurs que j'avais du mal à exprimer.

Je remercie ma tante pour ses conseils de naturopathe et son suivi journalier. Pour toute sa positivité et son soutien. Ainsi que le temps passé à me lire et à m'aider à mettre ce récit sur papier. @julie.dorlet

Ainsi que toutes les personnes qui me sont proches et qui ont eu la sagesse de soigner mon texte.